Deutschland Und Der Socialismus

Ludwig Bamberger

Deutschland und der Socialismus.

Deutschland

und

der Socialismus.

Von

Ludwig Bamberger.

Leipzig:

F. A. Brockhaus.

1878.

Vorwort.

„Begierig bin ich, aus der Fortsetzung zu erfahren, worauf Sie hinauskommen" — so redete der und jener mich an, nachdem der erste Theil (Nr. I und II) der nachstehenden Aufsätze in der „Deutschen Rundschau" vom Februar d. J. erschienen war. Begierige dieser Art werden, nachdem sie nun auch den Schluß (Nr. III—V) gelesen, vielleicht sich enttäuscht fühlen. Ob mit gutem Grund? Hätten meine Aeußerungen zu der Erwartung berechtigt, daß ich schließlich auch meinerseits mit einem Vorschlag zur „Lösung der socialen Frage" angerückt kommen würde, so wäre mir allerdings mislungen, mich verständlich zu machen.

Da aber derjenige, welcher seine Ansicht über einen wichtigen und alle Welt interessirenden Gegenstand dem Publikum vorlegt, die Pflicht hat, aufstoßende Misverständnisse zu entwirren, auch wo er sich keiner Schuld an deren Entstehung bewußt ist, so mag es immerhin am

Platze sein, erläuternd vorauszuschicken, worum es sich hier handelt.

Gewisse Ideen über die Möglichkeit und Nothwendigkeit, die menschliche Gesellschaft auf neuen, unhaltbaren, nie erprobten Grundlagen umzumodeln, haben sich in Deutschland der Geister in auffallender und bedenklicher Weise bemächtigt. Wie das gekommen ist, wie weit es gediehen und wohin es führen muß, das in kurzen Umrissen zu zeigen und es eindringlich zum Bewußtsein zu bringen war mein Vorsatz.

Wer Zeit, Kraft und Lust hätte, einen solchen Vorsatz in allen Einzelheiten gründlich durchzuführen, würde den Gegenstand auch in dicken Bänden schwerlich erschöpfen. Mir lag — von allen andern Ursachen zu schweigen — schon um des vor Augen schwebenden Zwecks willen viel mehr an einem Zusammenfassen der hervorstechenden Züge im möglichst engen Rahmen. Wer das Nöthigste und Wichtigste sagen will, darf durchaus nicht Alles sagen.

Können um sich greifende Denkfehler durch etwas anderes curirt werden als durch den Versuch, das Denken richtig zu stellen? Es gibt Leute, welche der Ansicht sind, daß hier mehr für die zwingende Gewalt der staatlichen Gesetzgebung und Obrigkeit zu thun sei als für die bloßen Liebesmühen der Ueberredung. An diesen Leuten werde ich mir eine zweite Kategorie von Enttäuschten geschafft haben. Zwar Vorschläge zur „Lösung der socialen Frage" erwarteten sie nicht, aber dafür um so mehr Vorschläge zur „Bekämpfung der socialistischen Agitation". Es ist ganz richtig, daß Staat und Gesellschaft nicht verpflichtet sind, philosophisch zuzuschauen, wenn Anstalt gemacht wird, den ihnen offen erklärten Krieg auch thatsächlich ins Werk zu setzen. Es ist auch richtig, daß es eine Zeit gab, in welcher es möglich war, Gedanken mit physischer Gewalt aus den Köpfen zu treiben. Es war die Zeit, in der man die Köpfe ein- oder abschlug, wenn sie nicht dachten, wie der Stärkere wollte. Aber die Zeiten, da auf diese Weise z. B. Belgien, Böhmen und Frankreich katholisch und England protestantisch gemacht wurden, sind vorüber, und eben daß sie unwiederbringlich vorüber sind, ist der beste Beweis für die Entwickelungsfähigkeit der menschlichen Gesellschaft auf der gegebenen Grundlage. Bei demjenigen Stärkegrade von Gewaltsanwendung, zu welchem die Nervenstärke des lebenden Geschlechts ausreicht, werden Versuche gewaltsamer Gedankenvertilgung immer den kürzern ziehen. Nur in furchtbaren Momenten, in welchen die Verbreiter neuer Ideen selbst zum Kampf mit barbarischen Werkzeugen greifen, setzt auch die heutige Civilisation ihre Empfindsamkeit so weit beiseite, daß sie nicht vor barbarischen Mitteln im Dienste ihrer Selbsterhaltung zurückscheut. Zwar hat der Schrecken, den Frankreich sich selbst beim Anblick der Commune einflößte, mehr als die Arbeit der Kriegsgerichte dazu beigetragen, die socialistische Partei zu schwächen; doch läßt sich nicht leugnen, daß auch durch die physische Ausscheidung der feindlichen Elemente aus dem socialen Körper Ruhe geschafft worden ist. Aber für dergleichen acute Fälle Recepte zu schreiben ist nicht Sache der Literatur; um so mehr ist es ihre Pflicht, durch den Appell an das Nachdenken und Gewissen der Zeit- und Staatsgenossen solchen Ausbrüchen vorbeugen zu helfen. Einen kleinen Beitrag zur Erfüllung dieser höchsten Pflicht zu liefern, ist mit nachfolgender Schrift versucht worden.

Berlin, Ende März 1878.

L. B.

I.

Wen von uns hätte nicht schon manchmal der Gedanke beschlichen, daß die Bürgerlichen in Deutschland heute vielleicht sich gerade so um den Hals reden, wie vor hundert Jahren es die Adeligen in Frankreich gethan haben? Am vertrautesten mit dieser Idee ist ohne Zweifel die kleine, aber mächtige Schar derjenigen deutschen Geistesaristokraten, welche seit einem Menschenalter systematisch den sogenannten Klassenkrieg der Besitzlosen gegen die Besitzenden schüren und bis auf diesen Tag die höchste Leitung desselben in Händen halten. Eine kleine Zahl begabter, viel wissender, fleißiger Leute, sitzen sie da und dort an friedlicher Stätte, umgeben von allem, was zur Bequemlichkeit und zum Schmuck des Daseins beitragen kann, genießen mit Kennerschaft jegliche Verfeinerung des modernen Lebens, verzieren selbst die Früchte ihrer Studien mit möglichst viel gelehrtem Luxus und — von diesem sichern Port aus commandiren sie die Brander zum Anrücken gegen die ganze Breite des gesammten Gefüges, in welchem sich das Getriebe der Erhaltung, Ernährung und Entwickelung der heutigen Welt bewegt. Kaum läßt sich der Gedanke abwehren, daß bei diesem bösen

Spiel eine Art dämonischer Lust mit unterlaufe. Selbst bei der nie ganz auszuschließenden Voraussetzung, daß das Böse mit gutgläubigem Eifer betrieben werde, springt der Gegensatz zwischen der Art der Leute und der Art ihres Trachtens zu stark in die Augen, um der Vorstellung Raum zu lassen, daß im Bewußtsein der Handelnden sich gar nichts von solchem Widerspruch abspiegele. Denn welches Bild man immer sich mache von der Ausführbarkeit jener weltumwälzenden Pläne: die im Namen der Gerechtigkeit herbeigerufene Nivellirung läßt sich auch für die schrankenloseste Phantasie, zum mindesten auf lange hinaus, nur so verwirklicht denken, daß das Gleichmaß sehr bescheidener Existenzweise Allen ausnahmslos auferlegt würde. Damit die Lebenslage der Wenigstbesitzenden auf dem mechanischen Wege der Gütervertheilung um eine einzige Stufe gehoben würde, müßte nothwendig jeder über dieses Minimum hinausragende Besitzstand abgetragen und zur Auffüllung verwendet werden. Und indem wir des Gegensatzes zwischen der Tiefebene des socialistischen*) Ideals und den von den Generalstäblern des Klassenkampfes bewohnten Höhen der heutigen Welt gedenken, lassen wir noch außer Betracht die unvermeidliche nächste Wirkung des Zerstörungskrieges, durch welchen zugestandenermaßen jenem Ideal erst Raum verschafft werden soll.

---

*) Die Ausdrücke „socialistisch" und „communistisch" sind überall von mir ohne feinere Unterscheidung abwechselnd für dieselbe Sache gebraucht. Man kann lange Definitionen geben, um beide Begriffe weit auseinander zu sondern, und schulgerechte Gründe dafür anführen. Wie die Dinge sich in der Praxis entwickelt haben und entwickeln mußten, lohnt es nicht der Mühe, sich bei diesen nur auf dem Papier etwas bedeutenden Unterscheidungen aufzuhalten.

Man kann einwenden, dies heiße die Dinge von ihrer kleinen Seite ansehen, und es ist richtig, daß große Gesammterscheinungen nicht ausschließlich nach dem Maßstabe der an ihnen zunächst betheiligten Menschen gemessen werden dürfen. Niemals aber darf als Regel gelten, daß die Dinge von den Menschen gänzlich abzulösen seien, auf daß die Dinge sich desto leichter in übermenschlichen Dimensionen darstellen und in ihrem Hintergrunde Menschen über Lebensgröße ahnen lassen. Zwischen derjenigen Geschichtsmethode, welche nur personificirte Ideen vorführt, und der entgegengesetzten, welche den Schlüssel der Begebenheiten, etwa wie J. Michelet in seinen spätern Arbeiten, hinter den Bettvorhängen sucht, gibt es eine vernünftige Mitte. Und, nicht zu vergessen, hier haben wir es keineswegs mit Geschichte, sondern mit Gegenwart zu thun.

Nicht bei Beurtheilung jedes Streites werden wir versucht sein, auf gleiche Weise das Gewicht der persönlichen Vertreter einer Meinung mit in die Wagschale zu werfen. Ist schon mit einigem Recht gesagt worden, daß bei Prüfung philosophischer Lehren gefragt werden dürfe, ob denn der Lehrer auch im Leben ein wenig Philosoph gewesen, so erscheint diese Neugierde als noch weniger indiscret da, wo es sich um ein Experiment auf Leben und Tod im Namen der höchsten und heiligsten Gerechtigkeit handelt. Hier ist es durchaus nicht gleichgültig, zu wissen, daß die Stifter der ganzen Verbindung sich in hervorstechender Weise als üppige Lebemänner zeigen, deren Ansprüchen nur der überfeinerte Apparat moderner Großstädte genügt. Wir haben sie ja gekannt, den Apostel Lassalle und seinen Sänger Herwegh, einer wie der andere die blasirte Eleganz bis in die

Fingerspitzen hinein. Es war unmöglich, mit ihnen in Berührung zu kommen, ohne sofort an den Hohn zu denken, der darin lag, daß von diesen Dandies zum grimmen Faustkampf für den frugalen Proletarierstaat aufgeboten wurde. Und doch ist auch wieder eine psychologische Erklärung in der so gearteten Persönlichkeit dieser Stifter gegeben. Ihre Entrüstung über das Los der arbeitenden Klassen kommt unmittelbar aus der weichgepolsterten Studirstube.*) Die Verbindung von materieller Ueppigkeit und geistiger Vornehmheit, in welchen ihr Wesen aufgeht, gibt den Schlüssel zu dem Schaudern, welches sie bei der Vorstellung eines Proletarierlebens überläuft, und wenn etwas ehrlich ist in ihnen, so ist es die Mißempfindung über diesen Gegensatz zu ihrem eigenen Selbst. So weit auch mag alles, was von Sympathie in ihnen zum Vorschein kommt, echt sein; desto unechter dagegen wird der Schlachtruf für eine Weltordnung,

---

*) Hier eine getreue Schilderung dieser Häuslichkeit aus der eben erschienenen Schrift „Eine Liebes-Episode aus dem Leben Ferdinand Lassalle's. Tagebuch, Briefwechsel, Bekenntnisse" (Leipzig, F. A. Brockhaus, 1878): „Am andern Tage um 10 Uhr morgens kam er angefahren und nahm uns mit sich nach Hause. Er wohnte damals in einer schönen Straße, die ganz aus einer Reihe von Villen bestand (Bellevuestraße). Seine Wohnung war eine Mischung des verfeinertsten Comforts mit strengem Gelehrtenthum. . . . Hinter seinem Cabinet befand sich ein im orientalischen Geschmack decorirtes Zimmer mit niedrigen türkischen Divans, die mit theuern orientalischen Seidenstoffen bedeckt waren, Etagèren, Tischchen und Taburets u. s. w. . . . Ein großes Gesellschaftszimmer war mit den theuersten Teppichen versehen, mit schweren sammtenen Drapirungen, mit den luxuriösesten Möbeln, einer Menge von großen Spiegeln, Bronzen, großen japanesischen und chinesischen Vasen. Dieses Gesellschaftszimmer gefiel mir nicht, es war zu bunt und zu sehr auf den Effect berechnet." —

deren oberstes Gebot die gleiche Entsagung Aller sein müßte.

Und noch Eins ist als etwas sehr Bedeutsames hervorzuheben. Nicht der landläufige Typus der „catilinarischen Gestalt" tritt uns hier entgegen. Nicht der Mann, welcher, aus der Bahn geworfen, um des eigenen, selbstverschuldeten Geschickes wegen mit dem großen Ganzen grollend, „nach neuen Dingen trachtet". Es ist viel weniger der catilinarische als der herostratische Zug, welcher in den Führern und der Führung des Klassenkampfes vorherrscht, von Marx bis Bakunin, von der ätzenden Dialektik der in Gift getauchten Feder bis zu der mit Petroleum getränkten Fackel, welche das „Flambez" der communardischen Regierung in Vollzug setzt. An der Welt, wie sie ist, liegt gar nichts; bekunden wir unsere Verachtung für sie, indem wir sie auf alle Fälle zerstören, aus Unlust, aus Gleichgültigkeit, aus Trotz, gleichviel: wenn sie nicht aus unserer Kritik neu erstehen will, mag sie zu Grunde gehen. Das ist der durchschlagende Ton, seit 30 Jahren stets im Wachsen, von den ersten Artikeln der in Köln (1848) erschienenen „Rheinischen Zeitung" an bis auf die neuesten Bekenntnisse. Das heutige Publikum kennt die Hohepriesterschaft der socialen Heilslehre nur aus den dicken Büchern und feierlichen Proclamationen, in welchen sie ihm vorgeführt wird, und aus den Huldigungen, mit welchen die Arbeitercongresse sie beräuchern. Das persönliche Treiben, von welchem die ganze Bewegung ausging, ist in Vergessenheit gerathen. Es ist aber um so wichtiger, an diesen Ausgangspunkt zu erinnern, als er dem ganzen Verlaufe der Dinge seinen Charakter aufgeprägt hat, und als das heute zum herrschenden Dogma erhobene Programm des Klassenhasses und des Klassenkampfes sofort beim ersten Aufgebot zum socialistischen Bunde an die Spitze gei stellt wurde. Ist doch selbst Lassalle, der diesen Schlachtruf noch nicht unbedingt zu dem seinen gemacht hatte, heute beinahe ein überwundener Standpunkt! Marx vielmehr, der in den neuesten akademischen Leitfäden als Kirchenvater paradirt, Marx mit dem Ideal des unerbittlichen Klassenkampfes ist der wahre Prophet des neuen Bundes. Er kann, wenn er auf die Bewegung im neuen Deutschen Reiche von seinem londoner Cottage herübersieht, mit Stolz ausrufen, daß nach 30 Jahren seine Saat in üppiger Blüte steht. Wer aber diese Saat und den Säemann sich des nähern im Original besehen will, der greife zu den authentischen Schilderungen aus der londoner Flüchtlingswelt, lese z. B. in Karl Vogt's Schrift „Mein Proceß gegen die Allgemeine Zeitung" (Genf 1859) die frisch aus dem Leben gegriffene Schilderung der „Schwefelbande" (so hieß damals, vor seiner „wissenschaftlichen" Kanonisirung, der Bund bei denen, die sein Treiben in der Nähe sahen). Besonders lehrreich sind die in dieser Schrift abgedruckten im Jahre 1850 geschriebenen Briefe des Flüchtlings von Techow (ehemaligen preußischen Offiziers). Sie sagen mehr über den ganzen Geist des großen Reformwerkes, als aus den subtilsten Zerlegungen der Begriffe von Kapital, Arbeit und Werth zu erfahren ist. Hier haben wir Aufzeichnungen vor uns, die Tag für Tag das eben Erlebte wiedergeben, und zwar vertraulich und wahrhaftig. Denn wir haben es nicht mit einem Gegner, sondern mit einem Anhänger der Sache und einem Bewunderer von Marx zu thun, mit einem Manne, dessen ehrliche, ideale Gesinnung bei jedem Wort gegen die sich aufdrängende schmerzliche

Ueberzeugung kämpft, daß es sich hier um ganz andere Pläne und andere Wege handelt, als er es sich gedacht hatte. Denn er kann es sich nicht verbergen, daß die niedrigste Cabale mit den niedrigsten Mitteln betrieben wird; daß unbändige Herrschgier mit rasender Eifersucht jeden verfolgt, der neben dem obersten Befehlshaber und seinen Janitscharen etwas bedeuten wollen könnte.

„Was die Personen angeht" (so werden im ersten Briefe vom 26. August 1850 Marx und Engels redend, d. h. sich selbst schildernd, eingeführt), „so seien sie reine Verstandesmenschen, die keine Sentimentalität kennten. Ihnen sei es um die Sache zu thun und um Organisirung einer starken, in sich gegliederten proletarischen Partei. Zu dem Zwecke müsse nicht nur alles Fremdartige ausgeschlossen, sondern alle irgendwie entgegenstehenden Personen unerbittlich verfolgt werden. Was z. B. die Angriffe auf S. (Sigel) betreffe, so seien sie nöthig gewesen, weil sein Renommée über alles Maß und Verdienst hinausgewachsen sei. In Hanau habe z. B. sein Bild circulirt mit der Unterschrift: künftiger Militärdictator von Deutschland.*) E. (Engels) fügte sehr geistreich hinzu: schon als Süddeutscher habe er angegriffen werden müssen, das seien alles unpraktische Kerle" ....

In diesem Athem geht es fort, bis die Besprechung der persönlichen Händel zur Berührung der Principien und Methoden führt. Hier heißt es z. B.:

„Am Ende sei es ja auch ganz gleichgültig, ob dieses erbärmliche Europa zu Grunde ginge, was ohne die sociale Revolution binnen kurzem geschehen müsse, und sie hätten ein für allemal darauf ver-

*) Wir werden weiter unten in unserer Darstellung dieser Tradition des verfemten Personencultus im neuesten Glaubensbekenntniß wieder begegnen; auf dem Gothaer Socialistencongreß von 1877 wurde der Antrag gestellt, den Handel mit den Photographien der socialistischen Abgeordneten zu verbieten — man sieht, nicht im geringsten Detail ist die heilige Ueberlieferung verloren.

zichtet, den deutschen Spießbürger zu gewinnen." Etwas weiter heißt es: sie für ihre eigene Person wünschten nichts, als ewig in der Opposition zu bleiben, ohne welche die Revolution schlafen ginge, und die ganze alte Klassensch . . . e (das Wort ist im Original ausgedruckt), wie Marx euphonisch sich ausdrückte, bestehen bliebe.

So gingen die Reden, und unmittelbar daran, ganz absichtslos, reiht sich zum richtigen Verständniß der Principien die Schilderung des Lebens dieser Proletariatserlöser:

Wenn ich hiermit den Hauptinhalt des Gesprächs berührt habe, so ist es mir doch unmöglich, euch den lebhaften Wechsel des Stoffes, die steigende Wärme der Unterhaltung, die Art zu schildern, wie Marx dieselbe beherrschte. Wir tranken zuerst Porter, dann Claret, d. h. rothen Bordeaux, dann Champagner. Nach dem Rothweine war er vollständig besoffen. Das war mir sehr erwünscht, denn er wurde offenherziger, als er sonst vielleicht gewesen wäre. Ich erhielt Gewißheit über manches, was mir sonst nur Vermuthung geblieben wäre. Trotz dieses Zustandes beherrschte er bis ans Ende die Unterhaltung. Er hat mir den Eindruck nicht nur einer seltenen geistigen Ueberlegenheit, sondern auch einer bedeutenden Persönlichkeit gemacht. Hätte er ebenso viel Herz wie Verstand, ebenso viel Liebe wie Haß, dann würde ich für ihn durchs Feuer gehen. Ich bedauere es nur unsers Zieles willen (sic), daß dieser Mensch nicht neben seinem eminenten Geist ein edles Herz zur Verfügung zu stellen hat. Aber ich habe die Ueberzeugung, daß der gefährlichste persönliche Ehrgeiz in ihm alles zerfressen hat. Er lacht über die Narren, welche ihm seinen Proletarierkatechismus nachbeten, so gut wie über die Communisten à la Willich, so gut wie über die Bourgeois. Die einzigen, die er achtet, sind ihm die Aristokraten, die reinen und die es mit Bewußtsein sind. Um sie von der Herrschaft zu verdrängen, braucht er eine Kraft, die er allein in dem Proletariat findet; deshalb hat er sein System auf es zugeschnitten.

So viel über Marx. Lassalle's Abenteurerfigur ist bis in die neuesten Zeiten hinein so vielfach zum Gegenstand literarischer Darstellungen gemacht worden, daß es nicht nöthig ist, sie hier aufzufrischen.*) Die kleinern Priester und vornehmen Priesterinnen, welche ihr Leben dem Proletariat geweiht haben, würden nicht minder interessante Staffage liefern, um ein Lebensbild zur Illustrirung der „sittlich geläuterten Welt" auszumalen.

Das Unwahre und Falsche, welches sich in den Personen der Stifter als Gegensatz zwischen Existenzweise und Lehre, man könnte sagen zwischen Denken und Reden, am prägnantesten verkörpert, findet sich verschiedentlich abgetönt heutzutage in andern Sphären unserer deutschen Gesellschaft wieder. Zunächst in jenem luxuriösen Pessimismus der in der Philosophie lustwandelnden Leute von Welt. Sodann aber, und dies zu zeigen ist ganz eigens hier die Aufgabe, steckt derselbe Widerspruch in dem Verhalten, welches ein großer Theil des deutschen Bürgerthums (das Wort in seinem weitesten Sinne genommen) gegenüber der socialistischen Bewegung beobachtet, theils ihr helfend, theils ihr apathisch zusehend, ebendieser Bewegung, welche das Programm der Zerstörung ebendieses Bürgerthums verkündigt. Das ist's eben, wodurch die deutschen Bürger unserer Zeit auf eine so fatale Weise an die Marquis und Vicomtes des 18. Jahrhunderts erinnern.

Sie tanzen nicht auf dem Vulkan, sondern sie tragen das Holz herbei zu dem Scheiterhaufen, auf dem sie selbst verbrannt werden sollen; und der Ruf Sancta simplicitas!

---

*) Vgl. z. B. Bernhard Becker, „Enthüllungen über Ferdinand Lassalle's tragisches Ende", und die bereits angeführte auf unzweifelbar echten Actenstücken beruhende Schrift „Eine Liebes-Episode".

ertönt nicht mitleidig wie einstmals aus dem Munde des Opfers, sondern höhnisch aus dem Munde des Henkers.

In allen Sphären kehrt das unwahre und verderbliche Spiel mit den Grundlagen der eigenen Existenz wieder und um desto bedrohlicher, je unbewußter und unschuldiger es getrieben wird. Die Thatsache allein, daß die Leiter der Internationalen, fern vom deutschen Ufer, aus dem Comfort ihres englischen Heimwesens heraus, zum Untergang unserer bürgerlichen Welt die Instructionen ertheilen, würde uns, trotzdem ihre infernale Kunst so stark auf die Massen wirkt, wenig anfechten, wenn nicht innerhalb unserer Mauern unfreiwillig Verbündete, durch Stand und Zahl doppelt bedeutsam, die meiste Arbeit für sie thäten. Unter Junkern und Beamten in den höchsten Stellungen, unter Gelehrten von großem Ansehen, unter kirchlichen Würdenträgern, Meistern der Industrie und von da durch alle Grade der Gesellschaft und Bildung bis zum kleinen Handwerker und Winkeljournalisten, überall findet sich die Spielart des Denkens und Treibens wieder, welches an dem Aufzetteln der ganzen gefestigten Ordnung des Lebens geschäftig mithilft. Bald ist es die alte, ein wenig verdrängte, aristokratische Macht, welche, an den eigenen Waffen verzweifelnd, sich dem Zeitvertreib ergibt, dem Geschlecht der Neuerer das nachdrängende Volk des vierten und fünften Standes an die Fersen zu hetzen; bald ist es der Romantiker, welcher sich bereden läßt, daß in dem Zukunftsstaat der „planmäßigen Production“ mit vertheilten Rollen die gepriesene Zeit der frommen Zünfte wiederkehren werde; bald ist es der Akademiker, welchen es kitzelt, über die abseits von ihm sich hinwälzende Jagd nach Gewinn die Zuchtruthe zu schwingen;

ein andermal wiederum ist es der Menschenfreund, dem die säuberlich ausgemalten Pläne zur Weltbeglückung lieblich winken; und so geht es fort bis zu dem bescheidenen, harmlosen Bürger, der hinter seinem Bierglase in der Volksversammlung, wenn der zum Unfugstiften angelernte böse Bube im Namen der Socialdemokratie das Wort verlangt, ihn biedermännisch unterstützt: „weil doch auch die Minderheit gehört werden müsse“! darauf Skandal und Auflösung, wo thunlich mit Stuhlbeinen und Kopfwunden, und das nächste mal geht's dann wieder gerade so.

Es wird nun freilich nicht an solchen fehlen, die da antworten: in der Gesammtheit ebendieser Erscheinungen zeige sich der regelrechte Verlauf eines heilsamen weltgeschichtlichen Processes; wie es anerkannt sei, daß die hohe französische Gesellschaft durch ihre unbewußte Selbstauflösung die Revolution herbeigeführt und damit der Nachwelt die größte Wohlthat erwiesen habe, so sei jetzt die Reihe an das Bürgerthum, den „dritten Stand“, gekommen, in ähnlicher Weise seinem legitimen Nachfolger, dem vierten oder fünften, Platz zu machen. Ob es für die Welt überhaupt ein Glück war, daß die Französische Revolution sich gerade in der Weise, wie dies geschah, vollzog, mag hier dahingestellt bleiben. Die Beantwortung der Frage liegt zu weit ab vom Gegenstand unserer Betrachtung. Es genügt schon, im Vorübergehen darauf hinzuweisen, daß das französische Volk selbst berechtigt ist, zu fragen, ob für sein eigenes Land nicht zu wünschen wäre, die Dinge hätten vor hundert Jahren einen etwas andern Verlauf genommen. Die selbständig denkenden Franzosen führen mehr und mehr die Uebel, an denen auch ihr Staatsleben heute krankt, auf die Art zurück, wie jener

Umschwung sich vollzogen hat. Doch dem sei wie ihm wolle! Angenommen immerhin, die Selbstzerstörung jener Aristokratie sei nach Form und Ergebniß ein heilsamer Proceß gewesen, so fehlt jeder Anhalt, um die Analogie auf das heutige und gar auf das deutsche Bürgerthum anzuwenden.

Aber das ist allerdings eine der größten Schwächen unserer Zeit, daß sie stets mit Formeln einer dialektischen Entwickelung vorwärts eilt, die, sobald sie nur im Kopfe abgehaspelt sind, auf dem Wege der trockenen Mechanik ins Leben übertragen werden sollen. Gibt es z. B. etwas Absurderes als die Manier, nach welcher man das parlamentarische System von heute auf morgen in halb und ganz barbarischen Staaten einführt? Wie Rußland und die Türkei, Rumänien und Aegypten mit parlamentarischen Verfassungen curirt werden sollen, erinnert das nicht an den Bauer, der, wenn ihm der Doctor eine Arznei verschrieben hat, dieselbe für Weib und Kind in jeglicher Krankheit mitverwendet?

In den nämlichen Fehler verfällt, wer uns einreden will, das deutsche Bürgerthum sei dermalen an derjenigen Stelle seiner Entwickelung angekommen, wo ihm — gleich der vornehmen Gesellschaft des 18. Jahrhunderts — nichts mehr zu thun übrigbleibe, als mit guter Manier sich selbst aus der Welt zu befördern. Gerade das Gegentheil ist die Wahrheit. Denn richtig wäre es zu sagen: soll die moderne Staatsform, welche allen unsern politischen Bestrebungen seit einem halben Jahrhundert als Ziel vor Augen stand, zur Wirklichkeit werden, so muß das deutsche Bürgerthum erst in die Stelle einrücken, in die es noch nicht eingerückt ist. Noch lange nicht ist die Masse in Fluß, welche die Form des parlamentarischen Staats auszufüllen hat, soll diese Form nicht leer an Inhalt bleiben. Wohin wir sehen, gewahren wir zurückgebliebene Entwickelung. Dieses Bürgerthum, das die Schnellläufer der Dialektik schon wieder zum Untergang nach erfülltem Beruf verurtheilen, es ist noch nicht einmal recht da. Es soll erst noch werden! Ueberall unter der neuen Form stoßen sich noch die ungeschmolzenen Bestandtheile, die harten Krusten der frühern Periode; und darum eben wird es so leicht, den neuen Bestand der Dinge zu bekämpfen, sei es für die, welche ihn zurückdrängen, sei es für die, welche ihn gewaltsam aufrühren wollen, damit er desto sicherer aus den Fugen gehe. Niemals haben sich die Extreme inniger berührt als in dem gemeinsamen Ankämpfen von Reaction und Socialismus gegen das deutsche Bürgerthum. Nicht nur äußerlich arbeiten ihre vereinten Anstrengungen im Dienste rückläufiger Bewegung, sondern die Ideale der socialistischen Anschauung selbst liegen, sachlich und geschichtlich betrachtet, nach rückwärts, viel weiter nach rückwärts, als die kühnsten Wünsche der nur politischen Reaction schauen. Während der gemäßigte Socialismus auf die wiederbelebte Zunft des Mittelalters hinzielt, bedeutet das Ideal der Internationalen einfach die Wiederauflösung aller im Laufe der Geschichte aus der Barbarei herausentwickelten Normen von Staat, Recht und Verkehr. Daher auch jenseit der „Internationalen“ bereits eine Schule steht, welche nur noch einen Schritt weiter gehend sich die der „Anarchisten“ nennt.

Die Unterstützung der Socialisten durch die Agrarier und Ultramontanen ist darum auch mehr als eine jener nur äußerlichen Parteicoalitionen, welche nach politischem Kriegsrecht für erlaubt gelten. Ihr Einverständniß beruht auf innerer Uebereinstimmung, und für Deutschland ist es so viel gefährlicher als für die andern Culturländer, weil die feindseligen Angriffe gegen ein noch nicht zur Reife entwickeltes, geschweige denn befestigtes Bürgerthum anrennen.*) Noch fehlt diesem nicht viel weniger als alles, um eine durch Intelligenz, Selbstbewußtsein und Unabhängigkeitsgefühl innig unter sich verbundene Masse zu bilden, welche die in ihr fließenden Säfte modernen Lebens zu politischer und gesellschaftlicher Kraft verwerthet und damit nach oben wie nach unten ihr Ansehen geltend macht. Noch fehlt die starke materielle Unterlage. Die neuerdings gegen unsere gewerblichen Leistungen erhobenen Beschwerden können, wenn auch hier und da übertrieben oder etwas unvorsichtig formulirt, nicht als ganz unbegründet zurückgewiesen werden. Aber nur zum kleinern Theile sind sie den vorübergehenden Einflüssen des geschäftlichen Leichtsinns zuzuschreiben, welcher die Zeit nach dem Kriege charakterisirt hat. Zum größern Theile haben wir es mit durch und durch alten Schäden zu thun, wenigstens so alt wie das Jahrhundert. Die geringfügige Beschaffenheit vieler gewerblichen Erzeugnisse, die Gewissensstumpfheit vieler Gewerbtreibenden gegenüber den

---

*) Wo ich im Verlaufe meiner Arbeit von den Sittenzuständen Deutschlands spreche, paßt gewiß manches nicht auf alle einzelnen Gebiete unsers Vaterlandes, denn ihre Mannichfaltigkeit erschwert zu einem hohen Grade die Formulirung objectiv durchgreifender Urtheile. Aus naheliegenden Gründen schwebt mir das Bild Norddeutschlands vor Augen. Das Vorherrschen dieses Eindrucks hat aber seine Berechtigung schon wegen des steigenden Einflusses, welchen das nach Norddeutschland gravitirende Reichswesen auch auf die übrigen Bestandtheile ausübt.

Kunden, ihre Lieblosigkeit gegenüber der Arbeit und damit zusammenhängend Mangel an Geschick und Geschmack, das sind Erbfehler, die schon durch mehrere Geschlechter sich hinziehen. Daß wir sie noch nicht überwunden, wie daß wir die breite moralische Grundlage für unsern Bürgerstand noch nicht gefunden haben, bedingt sich gegenseitig. Hebung der Arbeit, Hebung des Wohlstandes und Hebung der politischen Macht stehen im engsten Zusammenhange untereinander.

In der nämlichen Unzulänglichkeit ist auch die Erklärung zu suchen, warum der Rausch des Sieges zu einer ungeschickten Vergeudung der finanziellen Beute geführt hat. Liest man z. B. nach, wie die Kriegsentschädigung 1815 behandelt wurde (im ganzen 1833 Mill. Frs., worunter 633 Mill. für Verpflegung der Occupationstruppen), so findet man, daß die verbündeten Sieger jener Zeit besser berathen waren als ihre Nachfolger im Jahre 1871. Das Verhältniß zu Frankreich war damals allerdings ein anderes. Man hatte es mit einer Regierung zu thun, die man selbst eingesetzt hatte und welche Stabilität versprach; aber dies alles mit einrechnend, kann man, ohne leichtfertige Kritik zu üben, doch behaupten, daß die, welche jüngst dieses große Problem einer solchen Finanzoperation zu lösen übernahmen, mit einem zu geringen Maßstabe an dasselbe herantraten. In welcher Weise hier der Sinn für die Größe der dem finanziellen Handwerk gestellten Aufgabe gefehlt hat, und zwar von oben bis unten, ist nicht an dieser Stelle zu schildern; aber alles in allem begegnen wir dabei derselben technischen Unzulänglichkeit wie auf so manchem Gebiete der andern Industrien. Wenn ein Uebermaß schlimmer Erfahrungen und die Einsicht in die eigenen Fehler genügen, um auf die Wege der Besserung zu führen, so dürfen wir uns der Hoffnung hingeben, daß ein guter Anfang zur Umkehr gemacht sei. Die ernste Arbeit allein in häuslicher wie in öffentlicher Wirthschaft kann uns zur Befestigung des gesunden bürgerlichen Staats führen, welcher dem Culturstande der Zeit entspricht. Nur Narren können daran denken, die Formen der Ansammlung von Kraft, welche diesen Culturstand ermöglicht haben, im Namen der Humanität aufzuheben, und nur Sophisten versuchen, diese Kraft ohne Kapital, dieses Kapital ohne Eigenthum herzustellen.

Statt aber das Bürgerthum in Deutschland zu sich und zur ruhigen Entfaltung seiner Kraft kommen zu lassen, dringen jetzt alle feindseligen Mächte auf es ein, um ihm den Glauben beizubringen, es habe sich überlebt und sei zum Untergang verdammt.

Auch in England, Frankreich und Italien gibt es noch eine aristokratische Klasse mit starkem Selbstgefühl und conservativen Grundsätzen, eine gelehrte Gesellschaft mit dem stillen Bewußtsein ihrer geistigen Ueberlegenheit, eine fromme mit kirchlichen Herrschgelüsten. Aber der Unterschied zwischen den Zuständen des Auslandes und den unserigen besteht darin, daß keiner dieser besondern Kreise die Aufgabe seiner Selbsterhaltung von der Erhaltung des eigentlichen Bürgerthums lostrennt, keiner durch dessen Zersetzung seinen Bestand zu sichern sucht. In jenen andern Culturländern herrscht über alles das Gefühl unbedingter Solidarität aller Gebildeten und Besitzenden, das klare Bewußtsein, daß Alle von dem dritten Stande als dem gemeinsamen Fundament gestützt werden. Wer sich die Aufgabe stellt, besondere Tendenzen zur Geltung zu bringen, sucht sie in die große Gemeinschaft des allgemeinen Bürgerthums hineinzutragen.

Originale gibt es überall, aber ganze Gruppen aristokratischer, gelehrter, religiöser Richtung, welche sich den Krieg gegen das Bürgerthum zur Aufgabe machen, gibt es nur in Deutschland. Landedelleute, welche gegen das „Kapital" zu Felde ziehen, um ihrer Gutswirthschaft aufzuhelfen; Professoren, welche predigen, daß der Weg zu den großen Vermögen dicht am Zuchthause vorüberführe; Bischöfe, welche mit socialistischen Demagogen conspiriren, gibt es nur in Deutschland. Nur hier ist das merkwürdige Schauspiel wahrzunehmen, daß mit Uebermuth, ja mit Frivolität im scheinbaren Interesse der Zucht und Sitte die Grundlagen der bürgerlichen Ordnung angegriffen werden, daß eine Art von edelm Sport aus dieser Beschäftigung gemacht wird. In den ersten abenteuerlichen Anfängen des zweiten französchen Kaiserthums ist etwas zu finden, was — und auch nur ganz von fern — an dieses verwegene Spiel erinnert. Sobald das Empire Boden unter den Füßen spürte, verzichtete es auf dieses Experiment. Aber das ist das Charakteristische unserer in der Entwickelung noch zurückgebliebenen Zustände; daß sie den noch nicht amalgamirten Bestandtheilen der Gesammtheit es viel näher legen, sich feindlich zu gruppiren. Bald die einen, bald die andern gelüstet's, an dem Leibe des Bürgerthums ein experimentum in anima vili zu machen. Dessen Schmerzen machen ihnen keinen Kummer, unter Umständen eine heimliche Freude, und alle sind mehr oder weniger in dem Wahne befangen, daß sie es beliebig anzapfen und zerfleischen können, ohne ihren eigenen Bestand zu gefährden. Der kleine Klassenkrieg von oben und neben sympathisirt deshalb in der Stille mit dem großen Klassenkrieg von unten, und natürlich hilft er ihm voran.

Das Schlimmste an der ganzen Lage der Dinge und gerade charakteristisch für Umfang und Gefährlichkeit des Uebels ist, daß das angefeindete Bürgerthum selbst noch in dunkler Bewußtlosigkeit dessen, was mit ihm und um es her vorgeht, befangen ist, theils mit stumpfen Sinnen den blöden Zuschauer dabei abgibt, theils sogar sich täppisch zum Wüthen gegen sein eigenes Fleisch und Blut misbrauchen läßt. Woher das kommt, ist auch nicht schwer zu sagen: das Gefühl der eigenen Ohnmacht erzeugt Leichtsinn. Unser Bürgerthum lebt trotz der Schablone der modernen Staatsverfassung doch in der geheimen Empfindung, daß das meiste von diesen Dingen vorerst todte Form ist; daß die noch mächtigen Ueberbleibsel des alten Klassenregiments der Entfaltung seiner gesellschaftlichen und politischen Kraft ein breites Stück des Weges versperren. Es fühlt sich noch lange nicht verantwortlich für seine Selbsterhaltung. Es lebt noch in der Ueberlieferung, daß die hohe Obrigkeit, die auf sich selbst steht, für Ruhe und Sicherheit sorgt. Darum läßt es sich alle gegen sein eigenes Lager gerichteten Angriffe nichts anfechten, und gelegentlich findet es sein Plaisir daran, den Spaß selbst mitzumachen, namentlich sobald ihm irgendetwas, das da vorgeht, nicht gefällt. Das ist die Signatur unsers politischen Radicalismus, aber vor allen Dingen ist es die Signatur der socialistischen Strömungen in unsern mittlern und höhern Ständen.

Die Regierenden selbst wissen es kaum besser. Im Punkte der Besorgniß sind ihre Nerven etwas empfindlicher, aber sobald es sich darum handelt, mit tieferer Einsicht den wahren Zusammenhang der Dinge zu erkennen, herrscht bei ihnen dasselbe Dunkel wie bei den Regierten. Sie ahnen ein wenig die äußerste Gefahr, welche am andern Ende der Dinge droht, wenn es so fortgeht, aber sie verkehren in vollständiger Ignoranz über den Ausgangspunkt und über die ganze Art der Bewegung, die nach jenem andern Ende hintreibt. Darum liegt ihnen auch der Gedanke so nahe, daß hier einfach mit schärfern Straf- und Polizeigesetzen zu helfen sei, oder mit künstlichen Belebungsversuchen an einer zu den Todten gelegten Strenggläubigkeit. Oben wie unten beurtheilt man die gegenwärtigen deutschen Staats- und Gesellschaftszustände fälschlich nach dem überlieferten Bilde ausländischer und besonders französischer Entwickelungsformen. Die parlamentarische Taktik unserer Radicalen steht auf der ganz hohlen Fiction, daß wir uns parlamentarischen Ministerien nach modernem Zuschnitt gegenüber befänden, dieweil wir es doch viel eher mit bureaukratischen Hausbeamten der Krone zu thun haben, zu deren Obliegenheiten auch gehört, die parlamentarischen Reibungen auszuhalten. Und als Gegenstück zu dieser Selbsttäuschung gehen unsere regierenden Geschlechter, unsere Hofkreise und die an sie rührenden Gruppen von der ebenso irrigen Voraussetzung aus, daß der feste Bestand von Staat und Gesellschaft nur durch eine von unten andrängende revolutionäre Masse bedroht sei.

Die Dinge verhalten sich aber bei uns ganz anders als in England oder Frankreich. Das Eigenthümliche unserer Lage besteht darin, daß in unreife Zustände überreife Vorstellungen hineingedrungen sind, welche letztere hier viel größere Gefahr mit sich führen als in den Staaten mit älterer ökonomischer und politischer Entwickelung. Die Milliarden wären in einem ökonomisch reifern Lande ganz anders tractirt worden, und selbst ebenso verkehrte Behandlung hätte nicht die gleich verheerenden Wirkungen zurückgelassen. Und ganz dem entsprechend ist die Lehre vom Klassenkampf bei uns auf einen Boden gefallen, der ihrer verderblichen Wirkung ein viel loseres Erdreich bietet als, Rußland ausgenommen, wol alle andern Staaten der Welt. Das Zusammentreffen des stark ausgebildeten Gedankenlebens und des zurückgebliebenen Staats-, Wirthschafts- und Gesellschaftslebens hat eine eigenthümliche Atmosphäre entwickelt, in welcher die gifthaltigen Keime jener Lehren mit nie gesehener Geschwindigkeit und Fülle befruchtet wurden.

Deutschland ist die classische Erde des Klassenkriegs geworden. Einfach deshalb, weil die neue Lehre ein noch in viele Klassen zerklüftetes Land vorfand. In den Staaten, wo das Klassenwesen früherer Zeiten nur noch als sociale Schattirung fortbesteht, sind die Agitatoren schlechthin auf die Bearbeitung der ärmern Bevölkerung angewiesen, deren angebliche Befriedigung ihr eigentliches Programm ausmacht. In Deutschland, wo das Klassenwesen noch nicht vom Bürgerthum aufgesogen ist, wo jeder Sondertheil seine besondern Ansprüche festhält oder neue erhebt, keiner sich mit dem Ganzen vollkommen Eins fühlt, ist dieses Ganze unendlich größerer Gefahr ausgesetzt als anderwärts. Keine Interessengruppe versagt sich den Angriff auf die Grundlagen der Gesellschaft, wenn irgendwelche Verstimmung über sie kommt.

Die Gefahr für Deutschland besteht darin, daß der

Klassenkampf von allen Seiten genährt und angefacht wird, von oben und von neben so gut wie von unten, und daß kein Theil ahnt, für wen er damit in letzter Instanz arbeitet. Nur die Agitatoren von Profession wissen es. Diese aber geben sich wohlweislich Mühe, das Geheimniß nicht zu verrathen, sorgen vielmehr dafür, durch ihre Taktik den Schein zu erregen, als ahnten sie nichts von dem Zusammenhange ihrer bewußten Verschwörung mit der unbewußten aller andern Schichten. Denn sie begreifen sehr wohl, daß ihre Hauptstärke in dieser stillen Verbindung ruht. Der gesunde Stamm des Bürgerthums kann in unserer Zeit nicht entwurzelt und zu Boden geworfen werden, es sei denn, das Bürgerthum selbst legt die Axt mit an. Seine Arbeit bildet das eigentliche Triebwerk der modernen Cultur; ohne sie kann nichts Großes vollbracht werden, gegen sie nur das, wozu sie sich selbst misbrauchen läßt.

In dem unbewußten Wüthen gegen uns selbst liegt die Größe der Gefahr. Diese Behauptung gilt nicht blos für die Nächstbetroffenen, für die eigentliche „Bourgeoisie", um das Wort anzuwenden, dem man mit der Uebernahme in unsere Sprache einen viel gehässigern Beigeschmack gegeben hat als in Frankreich. Diese Behauptung trifft alle Kreise des Staats und der Gesellschaft bis in die vornehmsten hinauf. Alle, alle leben in blühender Ignoranz dessen, was in diesen Dingen vorgeht, an denen sie sich doch selbst betheiligen. Es sei vergönnt, zur Erläuterung hier an einen parlamentarischen Vorfall anzuknüpfen. Der Tendenzstreit über das wahre Mittel, der socialistischen Unterwühlung entgegenzutreten, ward gelegentlich der sogenannten Strafgesetznovelle im Reichstage durchgefochten. Ein Paragraph sollte hier den Riegel vorschieben, in dem er nach bekanntem Recept verbot, die Institutionen von Familie, Eigenthum und Religion in der Presse anzugreifen. Offenbar legte man an hoher Stelle den größten Werth auf die Sanction dieser Formel. Sie sollte die Brustwehr des Bestehenden sein. Der preußische Minister Graf zu Eulenburg, der bis dahin nie im Reichstage aufgetreten war, erschien nun in Person, das Bollwerk des Staates zu vertheidigen. (27. Januar 1876.)

Ein Mann von lebhaftem Verstand, vertraut mit Welt und Menschen, frei von Vorurtheilen, verrieth der Minister in seiner ganzen Haltung, daß er offenbar in der harmlosen Ueberzeugung gekommen war, die Mehrheit der Versammlung wolle sich zu Strafverschärfungen gegen gewisse Ausschreitungen der Presse nicht verstehen, weil sie die Umtriebe und Lehren der eigentlichen Socialdemokraten nicht in ihrer ganzen Schärfe kenne. Seine ausführliche und flotte Darstellung trug das Gepräge einer zu dem besondern Zwecke bei der betreffenden Abtheilung seiner Kanzlei bestellten Arbeit, die ihn mit den nöthigen Daten versehen hatte, um den mit Blindheit geschlagenen oder sorglosen Parlamentariern die Dinge ad oculos zu zeigen.

So weit war alles gut. Manchem konnte die Belehrung frommen, vielen brachte sie nur Bekanntes. Aber als nun Andere — ohne den Ernst der Gefahr zu bestreiten — den Minister und Die, in deren Namen er gesprochen, daran mahnten, daß der Feind im eigenen Lager der gefährlichere, daß gegen diesen Hauptverschworenen mit den beliebten Preßparagraphen nichts zu machen sei, daß es verhängnißvoll wirken müsse, die Gefahr nur nach der minder gefährlichen Seite hin abzuwehren; mit Einem Wort, daß auch auf conservativer Seite socialistisch gewühlt werde — da fand es sich in der That, daß vor den Augen der Regierung und ihrer Anhänger die Welt mit Bretern zugenagelt war. Keine Ahnung dessen, was ringsumher vorgeht, daher auch keine Ahnung von dem, was ihnen zu erklären versucht wurde. Der Minister fühlte sich blos schroff angefahren und verschwand, ohne je wieder den Reichstag zu betreten; auf der ganzen rechten Seite des Hauses polterte und zeterte man durcheinander über den Greuel erlittener Verdächtigung. Zur Schlußscene schworen der Domherr Moufang und der Agitator Bebel in rührender Uebereinstimmung, daß sie einander nicht kennten, und als Gesammteindruck blieb zurück, daß ein wohlgemeinter Vorschlag aus leidenschaftlichem Unwillen gegen conservative Anschauungsweise abgewiesen worden sei. Man durfte verblüfft sein, die ausgewählteste Zuhörerschaft Deutschlands so unvorbereitet zu finden, so unvertraut mit dem Stand der Dinge. Es ist immer ein Fehler, zu viel Vorbereitung vorauszusetzen, und das rächte sich auch damals. Aber der erste Zusammenstoß mußte auf diese Weise kommen. Die unsanft Aufgerüttelten wähnten sich von einem Feinde angegriffen, dieweilen ein Freund sie wach rief, damit sie beistünden, den Brand des gemeinsamen Hauses zu löschen; denn schließlich gilt es doch, ein Uebel abzuwenden, welches die wenigsten, die es herbeiführen helfen, wirklich wollen. Die Art conservativer Heckenreiter, welche unter ihrem feudalen Harnisch wirklich ein verzweifeltes Socialistenherz trägt, gehört zu den Ausnahmen. Viel mehr als der bewußte böse Wille schadet hier der beschränkte Blick. Denn wie die Schäden, an denen ein Zustand laborirt, so oft in Wechselwirkung stehen und sich gegenseitig ernähren, so dringt auch vermöge der Klassentrennung, welche dem Klassenkriege in die Hände arbeitet, in die verschiedenen Kreise keine Erkenntniß ihres wechselseitigen Lebens ein. Wie das geistige Leben in Deutschland ohne Mittelpunkt, und deshalb ohne Zusammenhang, sich in zahllose dunkle Gänge verästelt, so bleibt es insbesondere den obern Zehntausend fremd, heißen sie nun Geburts-, Rang- oder Geldaristokratie. Höchstens stellt sich einiges Kunstinteresse da ein, wo das militärische Interesse nicht alles ausfüllt. Schon etwas mehr Witterung von den geheimen Kräften, welche der socialistischen Propaganda in Deutschland dienen, hat der Reichskanzler bekommen; doch verdanken wir das einzig und allein dem Zufalle, daß die gegen seine Person gerichteten junkerlichen Intriguen eben nicht verschmähten, sich auch socialistischer Parteigänger und Stichwörter zu bedienen. Auf diese Weise ward ihm die Existenz dieser widernatürlichen Vergattung unter die Augen gerückt. Im übrigen ist auch von ihm nicht zu erwarten, daß er sein besonderes Augenmerk darauf richte, wie die Fäden des socialistischen Gespinstes aus den verschiedensten Quartieren zusammenlaufen. Nicht nur sein Geschmack, der ihn zur Absonderung im Privatleben treibt, sondern seine staatsmännische Methode, die es sich zum Grundsatz macht, immer nur auf weniges concentrirt zu sein, hält ihn von der stetigen Beachtung des allgemeinen Getriebes fern; und dazu kommt endlich noch, daß sein Plausibilismus sich vorbehält, je nach Umständen jede disponible Hebelkraft zu verwerthen, daher auch jede zu verschonen, die sich ihm nicht gerade feindselig in den Weg stellt.

Es hat sich ganz nützlich für uns so gefügt, daß im Lager der Ultramontanen und der Junker einige socialdemokratische Buschklepper Dienste genommen und damit auf die Verwandtschaft der schönen Seelen, welche hier zusammenkamen, die Aufmerksamkeit gelenkt haben. Doch selbst das schließt vielleicht noch nicht die Möglichkeit aus, daß im gegebenen Augenblicke ein Steuerproject bei socialistischen Hülfsarbeitern bestellt würde, wenn sie Aussicht gäben, es schmackhaft zuzubereiten. Absolut sicher ist das Bürgerthum der innern Politik des großen Staatsmannes gegenüber auch nicht. Es erweist sich noch zu schwach, um ihm die Ueberzeugung aufzudrängen, daß es die wahre gesunde Stütze biete; und wie viel Schwäche zeigt nicht seinem Blick zunächst das Treiben einer hauptstädtischen Bevölkerung, die — im Vollgefühle ihrer politischen Ohnmacht — sich entweder träger Gleichgültigkeit oder radicalen Spielereien überläßt!

II.

Deutschland ist der einzige Großstaat, in welchem eine socialdemokratische Partei existirt — Partei in dem Sinne eines geschlossenen politischen Verbandes, welcher sein officielles Bekenntniß in wählenden und gewählten Körperschaften mit dem Anspruch vorträgt, über kurz oder lang die Herrschaft in Staat und Gemeinde an sich zu bringen. Wie weit Aehnliches von kleinern Gemeinwesen, wie z. B. vom Canton Zürich, gesagt werden könnte, soll hier nicht untersucht werden. Selbst in dem stark aufgewühlten Königreich Dänemark ist der Socialismus noch nicht bis zur parlamentarischen Wirksamkeit vorgedrungen. Britische Zustände können nicht mit den deutschen verglichen werden. Wol ist die Masse der zu gemeinsamen Zwecken organisirten Arbeiter ungleich bedeutender als bei uns, wol betheiligen sich alle Politiker mehr oder weniger, zustimmend oder ablehnend, an der Erörterung der von den Arbeitern aufgeworfenen Fragen; allein der Gegensatz ist ein ganz anderer als im Deutschen Reiche. Das Programm des Zukunftsstaates auf communistischer Grundlage, welcher eingesetzt werden soll durch die gewaltsame Vernichtung des bürgerlichen Regiments, spukt dort kaum in wenigen Köpfen. Bei uns ist dies die

Losung auf der ganzen Linie der Socialdemokratie, seit kurzem sogar das officielle Glaubensbekenntniß der gesammten Anhängerschaft.

Wer den Nachweis versuchen wollte, daß der Geist der Agitation in England sich mehr und mehr dem deutschen nähere und naturgemäß nähern müsse, könnte sich auf manches ernste Sympton für seine Ansicht berufen. Vorerst jedoch bewegt sich der Streit in England nur auf dem Gebiete der geschäftlichen Reibung zwischen Arbeitgeber und Arbeiter. Der eine sucht den andern durch alle erdenklichen Combinationen die möglichst günstigen Lohnbedingungen abzunöthigen. Gegen den Grundsatz ist gar nichts einzuwenden; die Praxis führt bekanntlich für das Gewerbe, und daher auch für den Arbeiter, ihre schweren Nachtheile mit sich. Die rein politischen Begehren halten sich in Grenzen, welche, verglichen zu den eingestandenen Zielen der deutschen Socialdemokratie, sich sehr bescheiden ausnehmen: Erweiterung des Wahlrechts, Beschränkung von Kinder- und Frauenarbeit, unentgeltlicher Unterricht, lauter Dinge, welche die Grundlagen der heutigen Gesellschaft nicht in Frage stellen.

In Frankreich hat der Rückschlag des Communeaufstandes keine greifbar und fest gestaltete socialdemokratische Partei übriggelassen. Man kann sogar behaupten: auch vor dem Kriege hat eine regelmäßig und ins Breite constituirte politische Verbindung, der deutschen entsprechend, nicht bestanden, wenigstens nicht in Perioden des innern Friedens. Die Bürgerkriege, welche alles von Grund aus aufwühlten, entfesselten allerdings seit den Anfängen des Julikönigthums bis zum Jahre 1871 regelmäßig auch die socialistische Kampfbegierde, und gerade die blutigsten Ausbrüche stehen als Episoden des Klassenkampfes verzeichnet. Aber solange die Waffen ruhten, zog sich der feindselige Geist in die geheimen Gesellschaften und in die Werkstätten zurück oder aufs Gebiet der bloßen Gedankenarbeit am Büchertisch.

Frankreich hat gegen den Communismus in den Straßen gekämpft. Friedlich, als mit einer staatlichen Partei, von Macht zu Macht ist noch nirgends mit ihm verhandelt worden als in Deutschland. Bei uns ist er als politische Glaubensgemeinde anerkannt. Dies macht seine große Stärke und alles, was ihn stärkt, entspringt aus unserer Schwäche. In Deutschland werben beinahe alle reactionären Parteien in ausdrücklichen Erklärungen um die Gunst der Socialdemokratie. Der protestantische Mucker, die katholische Klerisei, die Verbindung von Schutzzöllnern und Agrariern bieten der Socialdemokratie in feierlichen Erlassen die Hand zum Bruderbunde.

Der sterbende Thiers hat uns in seinem politischen Testament die communistische Bewegung vermacht, nicht wie einen Fluch, welchen der Zorn des Besiegten auf das Haupt des Siegers herabruft, sondern wie ein Verhängniß, das sein geschärfter Blick heranrücken sieht. Frankreich, sagt er, hat dieses Elend überwunden; an seine Stelle ist Deutschland getreten, ihm ist beschieden, dieses Kreuz weiter zu tragen. Der Alte verstand sich auf die Sache. Als er Anfang November 1870 bei Bismarck in Versailles war, gestand er schon, daß seine größte Besorgniß die vor den „Halunken“ in Paris sei. Unter den „Coquins“ verstand er die, welche später die Commune befehligten. Nach ihm kam Jules Favre, welcher sich gegen die Entwaffnung der Nationalgarde sträubte und erhaben ausrief, es gebe keinen Pöbel in Paris. Auch wir haben unsere Favres, welche sich mit einer Liebeserklärung an die Menschheit über alle Besorgniß hinausheben. Wehe uns, wenn wir sollten auf die Probe gestellt werden!

Es läßt sich nicht verkennen, daß der große Aufschwung der Socialdemokratie zu einer anerkannten Macht im Staate von der Schaffung des Deutschen Reiches her datirt. Die Elemente bestanden vorher, aber die feste Gestalt haben sie erst angenommen, seitdem der Norddeutsche Bund ins Leben trat. Der mitwirkenden Ursachen waren viele, aber entscheidend war doch vor allen die eine: das allgemeine Stimmrecht. Diesem bürdet man jetzt viele Sünden auf und die meisten davon mit Unrecht. Der Schade, den es im Gefolge hat, liegt nicht darin, daß es allen Schichten der Bevölkerung zum Ausdruck ihrer Gesinnungen verhilft. Im Gegentheil, dies ist Gewinn. Schlimm hat es zunächst nur dadurch gewirkt, daß es denen, welche Verwirrung in die Köpfe hineinzutragen bedacht sind, wie ein neuer, mächtiger Ansporn zu größerer Thätigkeit erschien. Jedes Wahlsystem richtet an jede Partei die Anforderung, die Stimmberechtigten für sich zu gewinnen. Indem das neue Wahlgesetz einen Theil der Bevölkerung heranzog, der bis dahin jenseit des Stimmgebiets gewohnt hatte, wies es die Gewinnlustigen darauf an, vorzugsweise sich auf diesen noch frischen Boden mit ihrer Arbeit zu werfen. Weshalb aber dieses Neuland gerade der Socialdemokratie die fetteste Ernte versprach, braucht nicht erst auseinandergesetzt zu werden. Unzufriedenheit, Begehrlichkeit und unbegrenzte Hoffnung zu erwecken, war hier am leichtesten. Die, welche den Vortheil der Führerschaft daraus zu ziehen erwarteten, begaben sich rasch entschlossen und eifrig daran, zuerst von dem der Propaganda winkenden Land Besitz zu ergreifen. Die regelrechte, geschäftsmäßige Organisirung der Partei beginnt erst mit dem Jahre 1867. Wol wurde auch vorher an der Ausbreitung der Ideen gearbeitet. Meister, die ihre Werkstätten beobachteten, wußten schon in den funfziger Jahren zu erzählen, daß in den Köpfen ihrer Arbeiter es nicht geheuer aussehe. Aber ein anderes ist es, Anhang zu gewinnen, um ihn auf unbestimmte, entfernte Ziele vorzubereiten, ein anderes, Truppen zu werben, um sie zu bestimmten, unmittelbaren Vortheil bringenden Operationen zu verwenden. Das ist der große Unterschied zwischen der Zeit vor 1867 und der nachfolgenden, und seitdem sind die Aussichten friedlicher Entwickelung bei uns deshalb verringert, weil der neu angespornten Thätigkeit der Socialisten nicht auch der Ruf zu engerm und thätigem Zusammenschließen auf seiten des Bürgerthums antwortete. Die Ausdehnung des Stimmrechtes war gleichbedeutend mit dem Zuruf an die Führer des Klassenkampfes: „Wollt ihr in den Reichstag gewählt sein, so wendet euch mit all euerer Kunst an die neu herangezogenen Kreise der Bevölkerung!“ Sie ließen es sich auch nicht zweimal sagen. Der Vertrieb von Haß gegen die Besitzenden und von Recepten für die Gütervertheilung ward nun aus den stillen Zwiegesprächen der Werkstatt auf den offenen Markt verlegt. Bis dahin hatte sich die neue Lehre beinahe ausschließlich an die Arbeiter gewendet; von nun an erstreckte sie ihre Thätigkeit auf alle, ohne Unterschied. Solchergestalt wirkte die Einsetzung eines Deutschen Reichstages mit allgemeinem Stimmrecht genau wie eine Ermunterungsprämie zur Ausbreitung socialistischer Lehren. Man kann ganz bestimmt behaupten, daß die Anhängerschaft infolge dieser ausgeschriebenen Belohnung sich wenigstens vervierfacht hat.

Doch wie Belohnung? Was bringt die Wahl in den Reichstag den Gewählten und ihrer Sache ein? Die Häupter der Verbindung wissen es sehr wohl, und wer ihre Thätigkeit verfolgt, versteht sie ohne Mühe. Zunächst hat die nothwendige Freiheit der Wahlbewegung eine Menge polizeilicher und gesetzlicher Schwierigkeiten aus dem Wege geräumt, mit denen sie sonst zu kämpfen hatten. Sodann bildet die Rednerbühne des Reichstages einen Resonanzboden, an Mächtigkeit mit keinem andern vergleichbar. Doch dies gibt sozusagen nur den Nebengewinn. Der größte Vortheil entspringt daraus, daß durch die regelmäßig wiederkehrende Wahlthätigkeit und durch die Eintheilung des Landes in feste Wahlkörper der Staat selbst die Formation der Standquartiere übernimmt und dafür sorgt, daß die Mannschaften unausgesetzt in Uebung bleiben. Und ein Zweites, noch Bedeutsameres ist dieses: die in den Reichstag Gewählten kommen innerhalb wie außerhalb ihrer Parteigenossenschaft zu viel höherm Ansehen. Was an Wirksamkeit der Eindrücke gerade für diese Sache auf diesem Wege gewonnen wird, ist nicht hoch genug zu veranschlagen. Zwar thun die Häupter so, als verachteten sie die ganze Würde der parlamentarischen Stellung und deren Ausgiebigkeit für ihre besondern Zwecke. Doch üben sie damit nur eine Kriegslist, um uns andere zu täuschen und gleichzeitig die bei ihnen beliebte Geringschätzung für alle Formen des bestehenden Staatslebens zu affectiren. Wer ihren Versammlungen und ihrem ganzen Gebaren Aufmerksamkeit schenkt, entdeckt, daß sie den Besitz dieser Stellungen mit wohlverstandener Werthschätzung behandeln. Sie macht ganz andere Figuren aus ihnen, als sie ohne das wären. Viel weniger würde man im Lande von ihren begabtesten Leuten, von Bebel, von Liebknecht, und gar erst von einem Most oder Hasselmann wissen, wenn nicht ihr Reichstagsmandat sie auf ein besonderes Postament erhoben, ihnen eine Bedeutung gegeben und Gehör verschafft hätte. Und nicht blos für die Oeffentlichkeit im großen und ganzen gilt das, sondern auch noch in einem besondern Sinn für ihre eigene Gemeinde. Was sie auch sagen mögen, die Abgeordneten unter ihnen haben innerhalb der Verbindung ihr Prästigium und beuten es aus. Das Mandat verschafft ihnen ein Uebergewicht. Es macht sich das nach der positiven wie nach der negativen Seite hin kenntlich. Die Abgeordneten figuriren stets im Vordergrunde, 'und der Neid, der sich gegen sie regt, gibt Zeugniß für ihren Vorrang. Die Klage über den „Personencultus", die wir aus Techow's Briefen kennen, ist eine stehende geworden unter ihnen, und ebenso die Beschwerde gegen den Vertrieb von photographischen Bildnissen der Abgeordneten, der zur Abgötterei mit den Individuen führe. Man weiß ja, daß die Eifersucht in den demagogischen Lagern am meisten umgeht, schon weil sie sich in dieser Sphäre des Lebens weniger Zwang auferlegt als in den Kreisen einer vorsichtiger auftretenden Gesellschaft.

Noch ein Drittes endlich darf nicht mit Stillschweigen übergangen werden. Die Führer lernen sehr viel im Parlament. Man braucht nur die Verhandlungen ihrer Parteicongresse nachzulesen, um wahrzunehmen, welche Fortschritte die Schulung, die Bewältigung aller Formen bei ihnen gemacht hat, und wie sie natürlich das Erworbene in ihrer Gemeinde weiter fortpflanzen. Mit der Gewandtheit, dem

Eifer, der Rastlosigkeit, die ihrem Wirken naturgemäß zukommt, wissen sie jeden kleinen Vortheil auszunützen. So ist es z. B. gar keine Frage, daß die Einführung der freien Eisenbahnfahrt zu Gunsten der Abgeordneten mit Erfolg verwerthet wird für die Verkündung der socialistischen Lehre, und vielleicht dazu beigetragen hat, die Zahl ihrer Abgeordneten zu vergrößern.

Tagegelder würden natürlich in dieser Richtung sich ihnen noch vortheilhafter erweisen. Die socialistische Gemeinschaft zahlt dermalen jedem ihrer Reichsvertreter während seines Aufenthaltes in Berlin täglich 9 Mark. Nehmen wir nur an, daß von den zwölf Repräsentanten zehn diese Entschädigung erheben (da die Abgeordneten Demmler und Rittinghausen zu der Kategorie der reichen socialistischen Sportsleute gehören und schwerlich Zuschüsse annehmen), und veranschlagen wir die Dauer der Sessionen auf durchschnittlich drei Monate, so macht das der Kasse eine Ausgabe von 8200 Mark. Setzen wir nun voraus, daß die vom Reiche einzuführenden Tagegelder 20 Mark betragen würden, so hätten die zwölf Abgeordneten im Jahre 21800 Mark zu beziehen. Dieser Zuschuß zum Fortfall jener Ausgabe addirt ergäbe 30000 Mark. Die Gesammtsumme der Vereinsbilanz belief sich auf dem letzten Socialistencongreß zu Gotha (Mai 1877) auf 54217 Mark. Nach der angestellten Berechnung würde die Einführung von Reichstagsdiäten einen Zuschuß von mehr als funfzig Procent zum Kassenbestand der Propaganda ausmachen, und der Schluß liegt nahe, daß diese Kraftvermehrung sich bei den nächsten Wahlen in einen Zuwachs von Mandaten umsetzen, desgleichen sich bei jeder neuen Periode nach dem Gesetz der Progression ausdehnen würde.

Man kann alle diese Erscheinungen von ihrer harmlosen, ja sogar von ihrer günstigen Seite betrachten, und diese Auffassungsweise bildet bekanntlich bei uns die Regel. Wer sie anders nimmt, kommt in den Verdacht der Uebertreibung, der Kleinmüthigkeit, der Heulerei. Ganz nahe liegt ja der Gedanke, es für sehr heilsam anzusehen, daß auf diesem Wege den wilden Wassern ein regelmäßiges, wohleingedämmtes, friedliches Bett gebaut werde, oder, wie andere sagen würden, ein Sicherheitsventil, welches der Explosion zusammengepreßter Elemente vorbeugt. Das ist alles ganz schön und gut. Inzwischen läßt sich nicht leugnen, wie eben nachgewiesen, daß durch die eigenthümliche Beschaffenheit der friedlichen Gesetzgebung selbst dem Strome stets neue Flutmassen oder, das andere Bild zu gebrauchen, den explosiven Stoffen neue Spannungskraft zugeführt wird. Nur wer die Existenz und Verbreitung dieser Lehren für etwas Unschädliches ansieht, kann auch des Glaubens leben, es sei gleichgültig, wie viel oder wie wenig Gebiet sie beherrschen. Mit denen, welche die Verbreitung verhängnißvoller Irrthümer als etwas Gleichgültiges ansehen, läßt sich nicht streiten. Die gegenwärtige Betrachtung geht von der Voraussetzung aus, daß die communistische Weltanschauung auf Unsinn beruht, und daß ein solcher Unsinn, der seiner Natur nach auf Thaten hinarbeitet, in dem Maße schädlichere Folgen haben muß, als er an Ausbreitung gewinnt. Es ist schwer zu verstehen, wie man mit Gelassenheit dieser wachsenden Ausbreitung zusehen kann, wenn man nicht im stillen ein wenig zum Inhalt dieser falschen Lehren hinneigt.

Wie oben die Sache auseinandergesetzt ist, spitzt sie sich auf die Frage zu: ist es besser, den Besitzstand der socialistischen Lehre in ihren engern Schranken zu halten, aber auf die Gefahr hin, dadurch den Drang zu einem gewaltsamen Losbruch zu vermehren? Oder erscheint es rathsamer, vorerst jenen Lehren friedliche Bahnen zu ziehen, aber auf die Gefahr hin, daß sie ein viel breiteres Feld überdecken und nach nothwendigen Progressionsgesetzen weiter wachsen?

So gestellt wird die Frage allerdings für Deutschland zunächst eine müßige, denn das allgemeine Stimmrecht ist eine vollendete Thatsache, die jedes Versuchs, sie rückgängig zu machen, spottet. Mit Hinsicht auf das praktisch Mögliche ließe sich nur in Erwägung ziehen, ob nicht gewisse Formen der Ausübung des Stimmrechtes vervollkommnet werden könnten, vor allem, ob nicht die Dauer der Wahlperioden, welche mit gar zu leichtem Sinn nur auf drei Jahre begrenzt wurde, zu verlängern, und ob nicht demzunächst etwa noch die Thatsache des Wohnsitzes, welche Eintragung in die Wählerliste bedingt, an eine Niederlassungszeit zu binden wäre. Aenderungen nach dieser Seite hin würden nicht nur dem Damm gegen den Andrang der socialistischen Flut mit partiellen Ausbesserungen, sondern auch nach andern Richtungen hin der politischen Entwickelung des Reiches zugute kommen. Wie unsere Parlamente dermalen zusammengesetzt sind, ist aber wenig Aussicht gegeben, daß solche Vorschläge eine Mehrheit finden könnten. Das ist eben das charakteristische Uebel, welches so tief in unsern Zuständen wurzelt. Nur ein Dutzend Socialisten sitzen im Reichstag, aber sie stützen sich in solchen Fragen auf eine Summe von Fractionen, welche lieber ihnen Vorschub leisten, als sich entschließen, von ihrer herkömmlichen Spielmethode auch nur mit dem geringsten Schachzuge abzuweichen. Das Gefühl für die großen Gesammtinteressen fehlt, jeder denkt nur an seine kleinen und momentanen Fractionsgeschäftchen. Das ist — ins Parlamentarische übersetzt — der Fluch der Isolirtheit, des gebundenen, ohnmächtigen Zustandes, welcher durch das ganze nationale Leben geht. Jeder hängt, abgesondert, seinem kleinen Spiele nach, und das erstreckt sich bis hinauf in die höchsten staatsmännischen Sphären. Es fehlt der Respect vor dem Ganzen, weil das Ganze noch nicht vom Geiste des Gesammtbewußtseins belebt ist. Geht man den Mängeln in Handel und Gewerbe, sogar in der Literatur auf den Grund, so führen sie ganz zu denselben Ursprüngen: Mangel an Respect vor dem Ganzen, vor dem Publikum und, eng damit verbunden, Mangel an Respect vor sich selbst!

In einem Gemeinwesen, das solchergestalt gesellschaftlich und politisch aus lauter abgesonderten, auseinanderstrebenden Zellenbildungen componirt ist, mußte die Einführung des allgemeinen gleichen Stimmrechtes vorwiegend denjenigen Elementen zugute kommen, welche von Natur zur Solidarität drängen. Das ist das Geheimniß der raschen Machtentfaltung, zu welcher das Deutsche Reich dem Socialismus und dem Ultramontanismus verholfen hat. Im Gegensatz zu dem gebundenen Leben der Nation schöpfen beide aus dem Vollen einer thätigen, unbegrenzten und überall gegenwärtigen Gemeinschaft. Während das nationale Element in spröden, brüchigen Parcellen mühsam sich zusammenfindet, fließen die internationalen gleichartigen Massen von selbst ineinander.

Diese Wahrheit anschaulich zu machen, dient am besten ein vergleichender Blick auf die Ergebnisse der Reichstagswahlen. Nichts illustrirt deutlicher den Geist gebundener Absonderung als die nahezu undurchbrochene Regel, daß die Wähler im Reich sich ausschließlich durch Angehörige ihres Kirchthurmsprengels vertreten lassen. Bedenkt man, daß die im Reichstage zur Entscheidung kommenden Fragen nur höchst ausnahmsweise Localinteressen berühren, vielmehr durchweg ganz allgemeiner Natur sind, so drängt sich desto lebhafter die Ueberzeugung auf, daß nicht etwa eine natürliche Sorgfalt für örtliche Angelegenheiten (als welche ihre Befriedigung in den Landtagen zu suchen hat), sondern einfach die Befangenheit des volksthümlichen Denkens und Fühlens hier ihre Wirkung äußert. Dieser beschränkte Sinn bleibt nicht nur mit seinem Vertrauen fremd gegen alles, was nicht auf der Scholle gewachsen ist, sondern auch von vornherein mit seinem Wissen. Daher es denn kommt, daß die Namen verdienter und ausgezeichneter Männer, welche anderwärts im Munde des ganzen Volkes leben würden, mit wenigen Ausnahmen dem größten Theile der Bevölkerung völlig unbekannt sind. In den meisten Wahlbezirken wäre es unmöglich, einen nicht der Localität entsprungenen Candidaten aufzustellen, wie sehr er auch der Parteirichtung des Wahlkreises entspräche.*) Doch dies alles gilt nur, soweit es sich nicht um Socialisten handelt. Hier schlägt das Verhältniß geradezu in sein Gegentheil um.

Der Reichstag zählt 397 Mitglieder, darunter 12 So-

---

*) Selbst Italien, das so lange in ganz selbständige Staaten getheilt war und für seinen Particularismus und Regionalismus verschrien ist, zeigt in dieser Beziehung weniger Engherzigkeit als Deutschland. Nur Sicilien steht uns darin gleich.

cialisten. Rechnet man diese letztern ab, so sind im ganzen nur 7 Kreise von 387 durch Abgeordnete vertreten, welche nicht dem „engern Vaterland" angehören, d. h. nicht ganz zwei Procent! Es sind ihrer so wenige, daß es verlohnt, der Genauigkeit halber die Namen aufzuführen. Die Erwählten, denen es gelang, im „deutschen Ausland" durchzudringen, sind vier National-Liberale, Lasker, Valentin, von Cuny, von Treitschke (letzterer ist zwar jetzt Preuße, wurde aber in der preußischen Rheinprovinz Kreuznach gewählt, als er noch, Sachse von Geburt, im badischen „Auslande" wohnte); ferner zwei Fortschrittler, Hoffmann und Träger, und ein Ultramontaner, von Biegeleben. Sieht man näher zu, so findet auch das Phänomen dieser sieben Weltwunder nationaler Großherzigkeit seine Erklärung darin, daß die ganz kleinen Ländchen in Ermangelung eigener politischer Bodenerzeugnisse auf auswärtige Production angewiesen sind. So ist Lasker in Meiningen, von Cuny in Dessau, Valentin in Sondershausen, Hoffmann in Rudolstadt, Träger in Reuß j. L. gewählt. Abgesehen von Treitschke, der im Königreich Preußen gewählt ist, hat dieses größte Land nur Einen „Ausländer" von Biegeleben (aus Hessen-Darmstadt) und zwar für das Centrum herbeigeholt. Die andern und größern Bundesstaaten haben ausnahmslos sich streng an die Landsmannschaft gehalten. In ganz Baiern, in Würtemberg, in Sachsen (soweit es sich nicht um Socialisten handelt), in den so national gesinnten Großherzogthümern Baden und Hessen, überall nur Landeskinder, ebenso im ehemaligen Königreich Hannover. Selbst der Griff aus einer Provinz zur andern bildet eine seltene Ausnahme. Männer wie Schulze-Delitzsch, Braun, Wehrenpfennig sind von den neuen

Provinzen aus den alten adoptirt worden oder aus den neuen von den alten. Wo sonst auf den ersten Anschein der Blick über die engsten Grenzen gegangen ist, findet man beim Nachsuchen fast immer sofort das locale Band. So sind die von Bunsen im Waldeckischen zu Hause, so knüpfen Familienbande Dr. Löwe an Bochum.

Wie aber verändert sich das Bild, sobald wir auf die Socialdemokratie blicken! Hier ist die nationale Einheit die Regel, die bornirte Landsmannschaft die Ausnahme. Von den zwölf Erwählten sind acht ohne alle örtlichen Beziehungen zu ihrem Kreise. Selbst bei drei der vier übrigen deckt sich nicht, wie das für die andern Parteien die Regel, Landsmannschaft, Wohnsitz und Vertretung. Bebel wohnt zwar in Sachsen, ist aber geborener Rheinländer, Fritzsche ist in Sachsen geboren, aber in Berlin wohnhaft, Motteler in Sachsen wohnhaft, aber ein geborener Schwabe. (Diese drei sind in Sachsen gewählt.) Der einzige, der unter die allgemeine Regel fällt, ist der Kölner Rittinghausen, welcher Solingen vertritt. Aber wenn wir auch nur bei jenen acht stehen bleiben, so haben wir als das Verhältniß in Zahlen ausgedrückt an Bethätigung freier Sinnesgemeinschaft auf der socialistischen Seite 66 Procent, auf der andern 2 Procent!

Und noch Eins nicht zu vergessen! Gerade in den Theilen Deutschlands, die sich durch landsmannschaftliche Engherzigkeit am meisten kennzeichnen, ist das kosmopolitische Element (denn nationales darf man hier nicht sagen) am stärksten durchgedrungen. Das Königreich Sachsen, der Blütengarten, in welchem der Particularismus von den Besitzern mit zärtlicher Hand gepflegt wird, ist zugleich das Stelldichein der gesammten deutschen Socialdemokratie. Hier sind die Hamburger Auer und Kapell, hier ist der Braunschweiger Bracke, der Hesse Liebknecht, der Baier Most, der Mecklenburger Demmler gewählt. Es darf sehr bezweifelt werden, ob selbst in der so aufgeklärten und national gesinnten Großstadt Leipzig es rathsam erscheinen würde, z. B. einen hamburger Kaufmann aufzustellen. Verfolgt man weiter die Wahlbewegung in die Kreise, wo die Socialisten zwar nicht gesiegt, aber sehr starke Minderheiten, vielfach bis zur Stichwahl führend, erzielt haben, so wiederholt sich das Phänomen. Schleswig-Holstein zeigt hier in Sinnesweise wie in den Zahlen der Abstimmung Aehnlichkeit mit dem sächsischen Königreiche. Man brauchte nur zu unterstellen, daß es statt einer preußischen Provinz ein selbständiges Herzogthum mit entsprechendem dynastischen Einfluß geworden wäre, um mit Wahrscheinlichkeit zu schließen, daß dieser Landestheil ein Vierteldutzend Socialdemokraten mehr in den Reichstag geschickt hätte.

Dieses Exempel genügt wol, um den Ausspruch zu rechtfertigen, daß ganze Gebiete deutschen Lebens in die meisten ihnen zugebrachten Formen hineingekommen sind, ohne daß ihre politische und sociale Cultur dem dazu vorausgesetzten Grade der Entwickelung entsprochen hätte. Was sich hier mit einfachen Zahlen ins Licht setzen läßt, das würde auf noch vielen andern Gebieten erkannt werden, wenn es überall ausführbar wäre, umfassende und eingehende Schilderung von Zuständen, Sitten und Gesinnungen als Belege herbeizuziehen. Konnte es doch geschehen, daß eine Anzahl liberaler und patriotischer Männer im Reichstage die Geschäfte des engsten Provinzialgeistes besorgte, indem sie unser erbärmlich schwaches Gesammtleben nicht einmal dadurch fördern wollten, daß Berlin zum Sitz des Obersten Gerichtshofes gemacht würde; konnte doch sogar der Schöpfer des Deutschen Reiches selbst — Gott weiß in welcher Anwandlung — dieses Interesse übersehen! In die Tiefe nach Schichten der Geburt und des Berufs, in die Breite nach Stammes- und Herrschaftsgrenzen viel mehr zerstückt als andere Nationen, verfügt somit Deutschland über eine viel geringere Widerstandskraft gegen das Eindringen eines Stromes, welcher eine gleichartige, eng zusammenhängende, ungestüme Masse in Bewegung setzt. Der vor allem aufs Zertrümmern des Vorhandenen gerichtete Anlauf findet schon seine Arbeit halb gethan. Und die Gefahr ist um so größer, weil ihrer Natur nach sie von den Gefährdeten nicht geahnt wird. Denn in dem Maße, als die Interessen der Selbsterhaltung noch nicht consolidirt sind, fehlt auch sowol die klare Erkenntniß als das instinctive Gefühl für deren Bedingungen.

Auf diese Weise geschah es, daß in Deutschland die socialistischen Triebe sich durch alle Schichten des Gesellschafts- und Staatswesens viel geiler entwickeln konnten als in den andern Staaten. Denn diese andern Staaten sind etweder zu weit voran, oder sie sind zu weit zurück, um jener Zwittersaat von Civilisation und Barbarei ein fruchtbares Erdreich zu bieten. Um so bessere Aufnahme ward ihr in deutschen Landen. Hochentwickelte Organe des theoretischen Denkens, zurückgebliebene Organe des realen Daseins haben ein Geschlecht geliefert, wie geschaffen, lebhaften Sinn dem logisch-kritischen, aber um so weniger Kritik dem praktisch-abenteuerlichen Gehalt der weltbeglückenden Theoreme entgegenzubringen.

Der vorherrschende Zug geht dahin, die Schranken der wirklichen Welt mit den bloßen Evolutionen des Gedankens zu überspringen. Der socialistische Anlauf bedroht das Ganze des Verkehrslebens; einzelne Functionen dieses Lebens sind bereits durch die bekannten Schäden auf die bekannte Weise gestört. Ein Beispiel möge es klar machen. Auch in Frankreich sind die socialistischen Ideen in die Köpfe der Arbeiter eingedrungen, auch in England zum Theil. Auch in Frankreich und in England ertönen die Klagen, daß der Geist des Unfriedens und der Verstimmung die Leistungsfähigkeit und den Leistungswillen des Arbeiters heruntergedrückt habe. Aber wie viel weniger verheerend hat dieses Zusammentreffen gewirkt als in Deutschland! Dort auch fand wol der schlimme Geist Köpfe, in die er sich einnistete, aber sehr unvollkommen gehorchten ihm die geschickten Hände. Die Hände waren gewohnt Gutes zu leisten, und keine Doctrin der Welt vermag einen geschickten Arbeiter dahin zu bringen, daß er sich ungeschickt anstelle. Bei uns dagegen war der Uebergang vom trotzigen Sinn zum lässigen Thun viel leichter. Das Gewerbe war im Durchschnitt weniger auf Ernst und Freude an der Arbeit erzogen als in England und Frankreich! beim lieblosen Betriebe klang es lieblich ins Ohr, daß man einem ungerechten Herrn diene. Und wie der Diener, so der Herr! Wie die Lehre von der Ausbeutung durch das Kapital ein Geschlecht fand, das bereit war, sich am Kapital durch mittelmäßige Arbeit zu rächen, so fand auch der auf den unnatürlich raschen und großen Gewinn zugespitzte Geschäftsdrang ein Geschlecht von Principalen, das sich mit Wonne in dieses unechte Treiben stürzte. In dem Herausstaffiren des äußerlichen Anscheins, in der

Kunst des Anpreisens, in der Reclame mit einem Wort, haben wir alle Nachbarvölker erreicht. Wer den Inseratentheil unserer Zeitungen vornimmt, oder die Schilder musternd durch unserer großen Städte Gassen wandert, muß sich angewidert fühlen von dem Uebermaß gemeiner Marktschreierei, die ihr scheußliches aus der Mishandlung der deutschen und französischen Sprache zusammengeflicktes Kauderwelsch überall aufdrängt. „Armuth schändet nicht", und es ist nicht zu leugnen, daß wir gegen unsere Nachbarn an Reichthum zurückstehen. Aber der Anlauf, die Dinge blos durch einen ungeheuern Aufwand von pausbackigen Redensarten auszugleichen, der schädigt ganz gewiß. Früher waren wir arm, aber bescheiden, jetzt sind wir noch nicht reich, aber die Bescheidenheit sind wir los geworden. Das Selbstlob beschränkt sich nicht auf die Industrie. Das ästhetische und literarische Gebiet hat womöglich noch Stärkeres in diesem Artikel aufzuweisen. Die Lobhudelei auf Gegenseitigkeit leistet das Unglaubliche bei Autoren und Recensenten. Auch hier hat sich ein Vorrath hochtrabender Ausdrücke aufgehäuft, in welchen die federführenden Gevatterschaften täglich bis über die Ellbogen hineingreifen, um sich und das Publikum zum Narren zu halten. Ueber jedes Dienstgebäude, das mit Zink beklebt wird, über jeden Bazar, den eine vornehme Dame patronirt, ergießt das ästhetische Tintenfaß einen Schwall von erhabenen Ausdrücken, daß man glauben könnte, wir wären in den üppigsten Flor eines mediceischen Zeitalters eingetreten. Alles ist „hoch stilvoll", alles ist „tief sittlich", genau so, wie jeder Sudelkoch mit goldenen Buchstaben über seine Thür schreibt: „Hoftraiteur und Restaurant erster Klasse."

Und dennoch! Trotz aller dieser Ausschreitungen brauchen

wir uns nicht entmuthigen zu lassen. Zwar haben wir in beinahe verzeihlicher, wenn auch nicht straflos hingegangener Ueberschätzung die Weichbilder unserer Städte hinausgerückt, unsere Werkstätten vermehrt und erweitert, und das Bedürfniß muß erst nachträglich in die Räume hineinwachsen. Aber nicht alles an dem gemachten Aufwande ist verloren, und selbst was zu früh entstanden ist und darum, einstweilen brach liegend, Verlust bringt, bleibt nicht ganz trostlos unverwerthet, insofern es als sichtbares Mahnzeichen dazu anstachelt, den größern Rahmen auszufüllen. Nur muß aus der Aufforderung, das wieder zu erreichen, was wir schon einmal erfaßt zu haben und zu besitzen glaubten, auch gleichzeitig die Warnung erfließen vor allem Blendwerk, dem wir verfallen waren. Es kann nicht genug betont werden: eine Reihe von Fehlgriffen und Enttäuschungen führt ihre Erklärung auf einen gemeinsamen Entstehungsgrund zurück: die Vernachlässigung des Gehalts über dem Haschen nach dem Schein. So kam es in der Industrie, so ist es noch in der Politik. Die Marktschreierei des Radicalismus, welcher thut, als ob die Parlamente nur ihre Stimme „männlich" zu erheben brauchten, um alle entgegenstehenden Mächte des Staats niederzuwerfen, ist weiter nichts als der aus der Industrie in die Politik übersetzte Wahn, daß die Höhe der Reclame die Höhe der Leistung bedinge. Und der Wahn erst, das Bürgerthum für überzeitig und die Zeit für den socialistischen Himmel auf Erden reif zu erklären, ist nichts als der bethörte und bethörende Schwindel auf seinem höchsten Gipfel. Alles ruft uns zu:

Such' er den redlichen Gewinn
Sei er kein schellenlauter Thor!

Soll es Deutschland gelingen, in die Form des parlamentarischen Gesammtstaats, die es sich gegeben, mit wahrer Kraft hineinzuwachsen, so muß erst ein Bürgerthum sich selbst großziehen, welches alle gesunden Kräfte der Intelligenz und des Besitzes in eine compacte, solidarische Masse mit Bewußtsein und Erkenntniß ihrer Selbsterhaltungspflicht zusammenfaßt, stark genug, den von oben widerstrebenden und den von unten nachdringenden Elementen zu trotzen. Hier und da taucht ein Zeichen auf, daß diese Erkenntniß dämmert. Doch da, wo es am meisten noththäte, am wenigsten. Inzwischen geht die Werbetrommel der socialistischen Bandenführer lustig um, und täglich strömt ihnen neues Kriegsvolk zu. Wie das alles seit Jahren gewachsen ist, und wohin es treibt, soll nun gezeigt werden.

III.

Deutschland ist das classische Land des Klassenkampfes geworden. Wohin wir uns wenden, überall zeigt sich unserm Blick dasselbe Schauspiel. Wer immer etwas an der bestehenden Ordnung auszusetzen hat, ruft die socialistische Bundesgenossenschaft an. Kein Begehren ist so gering, daß man nicht um seinetwillen die tausendjährige Grundlage der Gesellschaft in Frage stellte. Entspringt auch dieses leichtfertige Spiel, das wir einst vielleicht alle werden hart zu büßen haben, zunächst einer Sinnesart, die in der Unverantwortlichkeit und Ohnmacht gegenüber den öffentlichen Dingen alt geworden ist, so wäre es ohne das Mitwirken anderer Ursachen doch so weit nicht gekommen. Die wachsende Stärke der Hülfstruppen, welche der socialistische Verbündete ins Feld zu stellen vermag, übt ihre Anziehungskraft auf alle Geister aus, die, ohne festen Halt in sich selbst, nach vielvermögendem Beistand suchen. Einen solchen verheißt ihnen jetzt die aufsteigende Zahl der Klassenkämpfer. Betrachten wir zunächst deren parlamentarische Fortschritte.

Ein Jahrzehnt hat genügt, um in die zur öffentlichen Vertretung deutscher Nation eingesetzte Körperschaft einen socialistischen Parteibestand einzufügen, dessen Umfang durchaus nicht als gering anzusehen ist. Auch läßt sich aus dem bisherigen Gang der Dinge auf weitere stetige Vermehrung schließen. Im Congreß der amerikanischen Union sitzt noch kein Repräsentant der Socialdemokratie. Auch in dem mit allgemeinem Stimmrecht gewählten Unterhause der französischen Republik wäre zur Zeit kein Mitglied aufzutreiben, welches das Glaubensbekenntniß der socialistischen Partei des Deutschen Reichstags unterschriebe.*)

Im englischen Hause der Gemeinen sitzen zwei Deputirte, welche als Vertreter des Arbeiterstandes gelten, Burt und Macdonald. Beide haben niemals an irgendetwas wie die Abschaffung der Privatindustrie, die Organisirung des Proletariats mit Staatskapitalien oder gar an die Aufhebung des persönlichen Eigenthums gedacht.**) Sie wurzeln in dem Boden der englischen Gewerkvereine, deren Bestreben auf Stärkung der Widerstandskraft des Arbeiters gegen die Macht des Arbeitgebers gerichtet ist. Ihre Aufgabe ist schon

---

*) Die drei Mitglieder der Deputirtenkammer und des Senats, welche bisher als die am weitesten nach links gehenden bezeichnet wurden, Louis Blanc, Tolain und der eben gestorbene Raspail, ließen sich der Auffassung ihrer Collegen und ihrem eigenen Verhalten nach durchaus nicht als in dem gleichen feindseligen Gegensatz zur Staats- und Gesellschaftsverfassung stehend betrachten wie unsere Socialdemokraten.

**) Burt wird als ein Mann geschildert, der, seiner ganzen Persönlichkeit nach durch und durch Arbeiter, mit leidenschaftsloser Ueberzeugung die Aufgabe erfüllt, für die besondern Angelegenheiten seines Standes in der Gesetzgebung einzutreten. Macdonald, der auch als Arbeiter begonnen, ist nach Vermögenslage und Lebensrichtung mehr ein Repräsentant der radicalen Politik. Doch gehen beide in den Abstimmungen zusammen. Burt bezieht von seinen Genossen ein Jahresgehalt von 500 Pfd. St. (10000 M.), Macdonald soll in allerhand Industrieunternehmungen stecken.

theilweise erfüllt, seitdem die Gesetzgebung*) eine Reihe inhumaner Bestimmungen in Sachen des Arbeitsvertrages aufgehoben hat. In Dänemark ist trotz alles Geräusches, welches die socialistische Agitation dort gemacht hat, nie ein Socialist ins Parlament gedrungen.**) Einzig das deutsche Volk

---

*) Durch die Conspiracy and Protection of Property act und die Employers and Workmen act, beide von 1875.

**) Ueber die Ausbreitung der socialistischen Propaganda in den drei nordischen Königreichen sagt ein aufs genaueste mit deren Staats- und Volksleben vertrauter Politiker in einer Privatmittheilung, die so interessant ist, daß sie hier eine Stelle verdient:

„Die socialistische (internationale) Bewegung hat in den drei nordischen Reichen auf die Dauer keinen günstigen Boden gefunden; doch findet eine leicht erkennbare Abstufung statt. In Schweden, wo das Evangelium der Gleichheit und Brüderlichkeit in festgewurzelten aristokratischen Verhältnissen Widerstand findet, hat sich der Socialismus überhaupt wenig oder gar nicht bemerkbar gemacht und von einer Organisation desselben ist daselbst noch nie die Rede gewesen, geschweige von einem Einflusse auf das Staatsleben. In Norwegen, wo die Entwickelung auf demokratischer Grundlage ruht, sind die socialistischen Umtriebe wol hier und da fühlbar gewesen, ohne jedoch eine feste Gestalt gewinnen zu können. Das religiöse Sektenwesen, welches in Norwegen stark grassirt, tritt allerdings hin und wieder den socialistischen Anschauungen nahe, im Grunde aber stehen doch beide Regungen zueinander im entschiedensten Gegensatze, weil der pietistische Radicalismus auf Schwärmerei und Unbekanntschaft mit der Welt, der socialistische dahingegen auf Materialismus beruht. Von einer Einwirkung des letztern auf das politische Leben ist auch in Norwegen bisher nichts verspürt worden. Etwas anders gestaltete sich das Verhältniß in Dänemark, wo der Socialismus eine wenn auch kurze, doch nicht ganz unbedeutende Rolle gespielt und auch eine feste Organisation erreicht hat. Obgleich in seinem Gebaren eine treue Nachahmung des deutschen, hat er sich doch unabhängig von der socialistischen Propaganda in Schleswig-Holstein entwickelt, welch letztere auch nicht in irgend erheblicher Weise als von

ist durch Abgeordnete vertreten, welche unserm ganzen Staats- und Gesellschaftswesen öffentlich den Krieg erklärt haben. Ihre Zahl beläuft sich zu dieser Stunde auf zwölf. Seitdem ein Deutscher Reichstag existirt, sind sie in regelmäßiger Zunahme begriffen. In den Constituirenden Reichstag traten

---

Dänemark aus beeinflußt wird angesehen werden können. Das anerkannte Organ der Partei ist der in Kopenhagen erscheinende «Socialdemokrat», welcher seine Spalten meist mit abgestandenen deutschen Preßerzeugnissen der fraglichen Richtung füllt. Die Blütezeit des dänischen Socialismus fiel in die Periode gleich nach der pariser Commune; die Socialisten setzten damals häufige Demonstrationen in Scene und im Frühjahr 1872 ward allen Ernstes ein Attentat beabsichtigt, zu welchem eine große Arbeiterversammlung auf dem «Osterfelde» bei Kopenhagen das Signal geben sollte. Jetzt aber schritt die Regierung ein, und im entscheidenden Augenblick reichten einige hundert Polizisten und ein paar Schwadronen Husaren hin, um die Unruhstifter auseinanderzutreiben, ohne daß es zu offener Widersetzlichkeit gekommen wäre. Gleichzeitig wurden die Führer (Pio, Geleff und Brix) verhaftet, unter Anklage gestellt und zu mehrjähriger Zuchthausstrafe verurtheilt. Von diesem Schlage hat sich die Partei nicht wieder erholt. Freilich begannen die verurtheilten Führer — nachdem sie vor Ablauf ihrer Strafzeit begnadigt worden — das Agitiren sofort wieder, allein der Geist war entwichen, der Glaube erschüttert und die im vorigen Jahre stattgehabte, von den skandalösesten Umständen begleitete geheime Entweichung nach Amerika des bis dahin als Held und Märtyrer verehrten Pio gab der ganzen Sache, moralisch genommen, den letzten Rest. Seitdem vegetirt die Bewegung; sie hat keinen namhaften Leiter, überhaupt keine nur halbwegs bedeutende Persönlichkeit zu ihrer Verfügung und durchaus keinen Anhalt in den gebildeten oder besitzenden Ständen, wie denn auch die Zahl der activen Socialisten vom Arbeiterstande — welche sich ziemlich genau nach der Abonnentenliste des «Socialdemokrat» bemessen läßt — im steten und raschen Abnehmen begriffen ist. Zudem hat sich im Schose der Partei eine Fraction ausgesondert, deren Wortführer ein gewisser Mundberg ist, welche die Umsturzideen ganz verwirft und sich zu der

im Jahre 1867 zwei Socialdemokraten ein, in den Norddeutschen im Jahre 1868 fünf, in den ersten Deutschen Reichstag im Jahre 1871 zwei, in den zweiten Deutschen Reichstag von 1874 neun, in den dritten von 1877 die heutigen zwölf. Zur Würdigung dieser Zahlen muß bemerkt werden, daß auf das regelmäßige Anwachsen der Zutritt Süddeutschlands ohne Einfluß blieb, denn die jenseits der Mainlinie gelegenen Gebiete haben bisjetzt noch keinen Socialdemokraten entsendet; die Zunahme vollzog sich ganz auf dem alten Gebiet. Ferner beweist der Rückgang auf zwei Abgeordnete, welcher das Jahr 1871 auszeichnet, ebenso wenig gegen das beobachtete Gesetz der Progression, als er viel beweist für die wahre Ursache der ganzen Erscheinung. Die Wahlen, unmittelbar nach dem siegreichen Kriege, fanden ein Volk vor, das sich über die Normalhöhe seines politischen Empfindens erhoben hatte. Das Bewußtsein der Verantwortlichkeit, welches durch den Krieg gesteigert worden war, flackerte noch einmal in der ersten Siegesfreude auf. Nach drei Jahren war dieses

---

Ansicht bekennt, daß heilsame Veränderungen in den gesellschaftlichen Zuständen nur im Wege der Ueberzeugung und des allmählichen Fortschritts zu erreichen sind. Von einer Vertretung des Socialismus im dänischen Reichstage ist bisher noch nie ernsthaft die Rede gewesen, nicht einmal von einer verkappten. Die in Kopenhagen und in einigen andern Städten gemachten Versuche, socialistische Wahlen durchzusetzen, sind erfolglos gewesen (Pio erreichte, als er auf der Höhe seiner Popularität stand und in dem eigentlichen Arbeiterquartier in Kopenhagen, trotz der größten Anstrengungen, doch nur die Hälfte der Stimmen gegen den national-liberalen Candidaten Bille) und der einzige bisher auf dem Lande gemachte Versuch verlief in totales Fiasco. Den Kathedersocialismus kennt man hier meines Wissens, wenn überhaupt, nur aus den deutschen Zeitungen."

Bewußtsein wieder auf demselben Stande wie vorher; die zersetzende Arbeit der Socialisten, welche auch während des Krieges sich nicht zur Ruhe beschieden hatten, holte, sobald der Widerstand eines ungewöhnlich belebten Staatsgefühls beseitigt war, das Versäumte wieder ein. Von zwei sprang die Zahl auf neun.

Noch eindringlicher reden die Zahlen, wenn wir von den Erwählten zu den Wählern übergehen. Bleiben wir, um nicht zu viel Ziffern zu häufen, nur bei der Vergleichung der beiden letzten Wahlen stehen. Im Jahre 1874 wurden zu Gunsten der Socialdemokratie abgegeben 350000 Stimmen, im Jahre 1877 fielen ihr 485000 zu, das ist ein Zuwachs von beinahe vierzig Procent! Wenn die Ziffer der Abgeordneten nicht ganz im selben Maße gestiegen ist, nämlich nur um 33 Procent, so kommt das von der größern Zersplitterung der socialdemokratischen Stimmen über das ganze Reichsgebiet her. Dieser weniger compacten Gruppirung ist es überhaupt zuzuschreiben, daß wir nicht statt eines Dutzend beinahe die dreifache Zahl parlamentarischer Klassenkämpfer aufzuweisen haben. Die Rechnung ist höchst einfach. Sämmtliche Wähler, welche im Jahre 1877 gültige Stimmen abgegeben haben, betragen im ganzen Reich 5,535000. Von dieser Gesammtheit sind im ganzen 3,600000 Stimmen auf solche Personen gefallen, die dadurch zu Abgeordneten wurden. Die letzte Zahl durch die der Abgeordneten 397 getheilt, ergibt also den Durchschnitt der Wählerzahl, welche einen Vertreter gefunden hat. Es vertritt danach jeder Gewählte 9000 Wähler. Hält man dem gegenüber die Zahl der zwölf socialdemokratischen Abgeordneten und der 111000 Stimmen, die sie auf sich vereinigt haben, so bleibt das

Verhältniß noch das gleiche. Jeder Gewählte vertritt 9200 Wähler.

Doch ganz anders wird das Bild, wenn wir die durch Zersplitterung verloren gegangenen Stimmen zusammenstellen. Die 3,600000 Wähler, welche Sieger geblieben sind im Kampf um die Mehrheit, betragen von der Gesammtzahl der Abstimmenden (5,535000) ungefähr 67 Procent, d. h. 67 Procent aller gültig gestimmt habenden Wähler sind in Gestalt eines Abgeordneten in den Reichstag eingetreten. Dies wiederholt sich auch, wenn wir die Untersuchung auf die einzelnen Parteien anwenden. Nehmen wir z. B. die Gesammtheit der im national-liberalen Sinne abgegebenen Zettel, so finden wir 1,594000. Im Reichstage vertretene Stimmen derselben Richtung sind 1,082000, d. h. etwas mehr als 67 Procent jener 1,594000. Vergleichen wir nun aber damit das entsprechende Verhältniß zwischen den abgegebenen socialdemokratischen Stimmen und den zur öffentlichen Vertretung gekommenen, so stellt es sich heraus, daß diese Partei nicht im gleichen Maße zur Verkörperung ihrer Wahlkraft durchgedrungen ist. Gegen 485000 abgegebene Stimmen finden wir hier nur 111000, die hinter den siegreichen Abgeordneten stehen, d. h. nicht 67 Procent, wie im Durchschnitt und bei andern Parteien, sondern nur 23 Procent der Wähler sind effectiv mit den Abgeordneten ihrer Wahl in die Repräsentation eingerückt. Wäre hier das allgemeine Verhältniß zum Ausdruck gekommen, so zählten wir 32 socialdemokratische Abgeordnete, d. h. so viele beinahe als Mitglieder der Deutschen Fortschrittspartei. Nur dadurch, daß 77 Procent der Stimmen sich zersplitterten, während das Durchschnittsgesetz doch nur 33 Procent Zersplitterung ergibt, sind wir jetzt noch dem Schicksal entgangen, der Welt in greifbaren Zahlen den Maßstab zu geben für die Intensität der Krankheit, welche unsere Nation durchwühlt. Aber wenn wir einstweilen noch vor solcher Demüthigung bewahrt geblieben sind, so ist es darum nicht minder wahr, daß unser politisches Denken und Fühlen im Innern bereits so stark, wie jene Zahlen besagen, vom Uebel ergriffen ist. Für die Action des Reichstages mag dermalen noch nicht unmittelbare Gefahr vorhanden sein; aber gerade in dem Umstande, welcher jetzt noch die praktische Wirksamkeit der socialistischen Stimmkraft paralysirt, liegt erst recht eine Gefahr. Denn abgesehen davon, daß überhaupt die latente Gefahr die unheilvollere ist, bedeutet die hier constatirte Stimmenzersplitterung eine Vertheilung von vorgeschobenen Posten über das ganze Reich, die, wenn besondere Umstände sie begünstigen, plötzlich sich verstärken und, einander die Hände reichend, weithin sich des Landes bemächtigen können. Hätten wir die Methode der Minderheitsvertretung ins Wahlgesetz eingeführt, welche z. B. in einigen englischen Wahlbezirken zur Anwendung kommt und welche auch bei uns empfohlen worden ist, so wäre jetzt schon die socialdemokratische Fraction an Besitzstand der Mehrzahl der andern Fractionen beinahe ebenbürtig. Ja, hätten wir nur die französische Methode des Jahres 1871, wonach mehrere Abgeordnete in großen Bezirken auf Einer Liste gewählt wurden (élection au scrutin de liste), so würden wir vielleicht schon zwei Dutzend socialdemokratische Mitglieder im Reichstage zählen. Diese Partei kann also mit einigem Recht sich beklagen, daß sie bei dem jetzigen Wahlsystem zu kurz kommt; sie kann sich aber auch andererseits rühmen, daß sie stärker ist, als das Bild ihrer Vertretung im Reichstage errathen läßt, und daß sie auf eine dereinstige plötzliche Entfaltung ihrer parlamentarischen Macht hoffen darf. Doch auch schon am heutigen Tage ist die Stellung nicht zu verachten. Denn bei der Zersplitterung der parlamentarischen Fractionen, dem treuen Abbild unserer politischen und gesellschaftlichen Zustände, steht die Schar der zwölf Klassenkämpfer ganz nahe der Möglichkeit, in schwankenden Abstimmungen den Ausschlag zu geben. Zeigt doch bekanntlich eine nähere Prüfung der Wahlstatistik, daß beinahe die Hälfte derjenigen Wähler, die im Jahre 1877 ihre Stimmen abgegeben haben, sich zur deutschen Staatsentwickelung im großen und ganzen ablehnend verhält. Polen, Welfen, schwäbische Demokraten, elsässische Protestler, Socialdemokraten, zu den Ultramontanen addirt, die ihnen als fester Kern dienen, bringen die Summe der Verneinung auf 2,395000. Die Gesammtzahl ist 5,535000. Es bedarf also nur noch eines Zuwachses von 300—400000 Stimmen, damit das Reich einer Mehrheit von activen Wählern anheimfalle, welche das Reich negiren. Bei der Unterstützung, welche dem Socialismus mittelbar aus so vielen mächtigen Regionen zufließt, möchte ein solches Schlußresultat am Ende nicht ausbleiben. Mit stolzer Befriedigung konnte ein Berichterstatter auf dem letzten Socialistencongreß verkünden, daß in 175 der 397 deutschen Reichswahlkreise Candidaten seiner Partei aufgestellt gewesen seien. Hatte auch die Mehrzahl derselben von vornherein keinerlei Aussicht auf Erfolg, so ist in der weiten Welt doch kein Land zu finden, in welchem dergleichen auch nur versuchsweise denkbar wäre. An vielen Stellen schwankte der Kampf, an andern trieb die socialistische Wählerschaft einen solchen Keil in die andern Parteien, daß keine Mehrheiten zu Stande kamen und sogenannte Stichwahlen nöthig wurden. Fragt man, wo der Boden am günstigsten für den gemeinsamen Gegner ist, so stoßen wir auf eine gewisse Mannichfaltigkeit der ihm vortheilhaften Bedingungen. Einen ganz natürlichen Boden, auf den er sozusagen ein Recht hat, bilden die großen Städte, voran Berlin, Hamburg, Breslau, Elberfeld, Bremen, Lübeck, wo ein starkes Proletariat leicht erregt und concentrirt werden kann. Eigenthümlicher Art sind, wie bereits erwähnt, die Elemente, aus denen der Socialismus im Königreich Sachsen seine Nahrung zieht. Nicht nur die Politik, sondern auch die Industrie des Landes kommt diesen Elementen zu statten. Von den zwölf Klassenkämpfern des Reichstages sind sieben in Sachsen gewählt.

Von Schleswig-Holstein haben wir schon gesprochen. An der Spitze der Bewegung marschirt das Fürstenthum Reuß älterer Linie. Dieses souveräne Land ist in seiner Totalität durch einen Socialisten im Reichstage vertreten, welchem schon beim ersten Wahlgange die Mehrheit der abstimmenden Bevölkerung zulief. Der von 47000 Seelen bewohnte Großstaat steht also bereits mit einem Bein im Staate der Zukunft. Gott erhalte Deutschland seine berechtigten Eigenthümlichkeiten! Da, wo der locale Sondergeist über stärkere Hebel verfügt als den socialistischen, verzichtet er auf diesen. Wo z. B. die Ultramontanen von Haus aus Macht genug haben, kommt der Klassenkrieg überhaupt nicht auf. So in den katholischen Theilen von Baiern, so in Elsaß-Lothringen. Hier ist von Socialisten nichts zu entdecken. Jedes Misvergnügen findet da sein Unterkommen bei der herrschenden Partei des Widerstandes, wo die nur, sie nicht allein stark genug ist, Bündnisse eingeht. Diese Bündnisse, schon lange von unsern Papisten gesucht, werden in neuester Zeit mit besonders auffälligen Demonstrationen von den protestantischen Orthodoxen der Socialdemokratie angetragen. Es ist ja auch nicht zu leugnen, daß zwischen dem Geschäft der kirchlichen und der weltlichen Glückseligmacherei eine gewisse Wahlverwandtschaft besteht, welche auf den Gedanken führen kann, gemeinsam zu operiren. Erst kürzlich hat das Haupt der Christlich-Socialen in klaren Worten die nahe liegende Parallele gezogen zwischen den „Wechseln auf die Sterne", welche seine Partei, und den Wechseln auf das communistische Paradies, welche die Partei Most anbiete, und man kann ihm kaum unrecht geben, wenn es mit der Betrachtung schließt, daß seine Anweisungen auf den Himmel den unbestreitbaren Vorzug besäßen, dem Inhaber, wenigstens solange er auf Erden walle, keine Enttäuschung zu bereiten. Da aber trotzdem die Religion des Communismus zu anziehend wirkt, als daß die streng gläubigen Eiferer hoffen dürften, ihr blos mit den Verheißungen ihrer Religion erfolgreiche Concurrenz zu machen, so ist ihnen die Nothwendigkeit aufgedrängt, die Wechsel auf die Sterne zugleich mit einer irdischen Nothadresse zu versehen, und darum wird denen, welche hübsch fromm sein wollen, als Gratisbeilage auch eine „Lösung der socialen Frage" versprochen. Warum auch nicht? Das vielverbreitete Recept, denkt man, läßt sich ebenso gut in jeder orthodoxen Apotheke bereiten, wie in der atheistischen. Nur zwei Ingredienzen braucht man ja zu diesem Trank: den Haß gegen das herzlose Kapital und den Zauber der corporativen Gliederung. Wiederherstellung der Zinsverbote und der Zünfte, Zurücknahme aller Gesetze, welche die Freiheit der Bewegung gaben, sind das nicht blos bescheidenere Formen für die Schaffung von Nationalwerkstätten und Abschaffung des Kapitals? Aber trotz aller verborgenen Ideengemeinschaft bleibt es doch ein wunderliches Unternehmen, sich in den Strom zu werfen da, wo er am reißendsten ist, um gegen den Strom zu schwimmen. Auch enden dergleichen Versuche damit, daß der Schwimmer thalwärts mitgerissen wird. Es ist charakteristisch für den Gegensatz der politischen und socialistischen Instincte in Deutschland und Frankreich, wie verschieden die kirchliche Reaction sich den staatsfeindlichen Tendenzen gegenüber in beiden Ländern benimmt. In Frankreich drängt ein großer Theil der Besitzenden sich nach dem Katholicismus hin, weil er glaubt, durch diesen den Bestand von Staat und Gesellschaft zu retten. In Deutschland wirft sich der Katholicismus den staatsfeindlichen Tendenzen in die Arme, um sein ultramontanes Geschäft zu beleben. Dort wird man katholisch oder protestantisch fromm aus conservativen Beweggründen, hier wird man destructiv aus katholischer oder protestantischer Frömmigkeit. Dort hegt man das Kirchliche, weil es dem Staate und der Gesellschaft dienen soll, hier bekämpft man Staat und Gesellschaft, weil sie dem Kirchlichen unbequem sind.

In allen frommen Vereinen und Versammlungen werden den Socialisten Concessionen gemacht, dagegen wird man vergeblich nach einer socialistischen Kundgebung suchen, welche auch nur von fern die frommen Zuvorkommenheiten erwiderte. Die Partei fühlt ganz gut, daß ihrem jugendlichen Alter die rücksichtslose Offenheit am besten entspricht.

Den besten Einblick in die Entwickelung der socialistischen

Propaganda geben die officiellen Berichte ihrer jährlichen Congresse. Dieselben bieten ein so bequemes und gedrängtes Material, daß man es jedem deutschen Reichsbürger zum Studium empfehlen muß. Die „Protokolle der Socialistencongresse" (diesmal zu Gotha vom 27. bis 29. Mai 1877) werden in Hamburg, „Druck und Verlag der Genossenschafts-Buchdruckerei", ausgegeben. Für 25 Pfennige ist hier mehr Belehrung zu holen als in der ganzen hochaufgelaufenen Literatur über die sociale Frage. Man kann der Darstellung nicht vorwerfen, daß sie großprahlerisch auftrete; die Thätigkeit, die Personen, die Ideen, alles erscheint ungeschminkt in einem naturgetreuen Facsimile. Wer da liest, wie offen und gelassen hier die Mittel und Wege zur Auflösung aller vorhandenen Ordnung discutirt werden, dem müßte gewiß zunächst der Gedanke kommen, daß nur ein äußerst gesundes Gemeinwesen so kühl sich diesem Treiben gegenüber verhalten könne. Wer aber Menschen und Zustände näher kennt, weiß, daß diese Gemüthsruhe nur in dem mangelhaften Empfindungsvermögen der Bedrohten ihre Erklärung hat. Dem jüngsten Berichte seien hier nur die Mittheilungen über die Vorgänge entnommen, welche, wie der Referent des Congresses richtig hervorhob, mit der Zunahme der Anhängerschaft in innigster Wechselwirkung stehen.

„Zu den Erfolgen, welche wir zu verzeichnen haben, hat neben der mündlichen Agitation wesentlich unsere Presse mit beigetragen", sagt der Berichterstatter, indem er auf die nähere Schilderung dieser Verhältnisse eingeht.

Bis vor kurzem war der socialistische Bund bekanntlich in zwei Hauptlager getheilt, die ihre Abstammung einerseits auf Marx, andererseits auf Lassalle zurückführten. Beide Richtungen waren auch durch zwei veeschiedene Organe vertreten, die sich jahraus jahrein gegenseitig aufs heftigste angriffen. Aber da die Partei ihre gemeinsamen Interessen besser versteht als irgendeine andere, so arbeitete sie längst an einer Verschmelzung, welche im Jahre 1875 endlich zu Stande kam. Infolge dessen verschwanden auch die zwei ältern Hauptblätter und an ihre Stelle trat ein einziges Centralblatt des deutschen Reichssocialismus, das in Leipzig erscheinende „Vorwärts". Die Abonnentenzahl desselben wird auf 12000 angegeben. Neben dem „Vorwärts" bestehen in Deutschland noch 41 socialistische Blätter, dazu ein ebenfalls socialistisch gehaltenes belletristisches illustrirtes Blatt „Die Neue Welt" und 14 Gewerkschaftsorgane, welche mehr oder minder ebenfalls im Geiste des Socialismus gehalten sind.*) (Worte des Berichterstatters.)

Aus Frankreich ward uns vor einigen Monaten berichtet, daß der erste Versuch mit einem socialistischen Blatt gemacht worden, und seitdem erfuhren wir, daß es schon wieder eingegangen ist. Es hieß „L'Egalité", und in Frankreich erzählt man, daß es von den deutschen Socialisten Zuschüsse empfangen habe.**) Von den 41 politischen

---

*) Die „Gewerkschaften" sind zu unterscheiden von den zur Süßwasser-Socialistik gehörenden Hirsch-Duncker'schen „Gewerkvereinen", welche sich für Gegner der Socialdemokratie halten und von den letztern als thatsächlich machtlos mit Verachtung behandelt werden.

**) Auch die Arbeitercongresse, welche 1876 in Paris und eben wieder in Lyon getagt haben, stehen nicht auf dem politischen Boden unserer Socialdemokratie. Zunächst sind es nicht socialdemokratische

Organen der deutschen Socialdemokratie erscheinen 13 täglich, 13 erscheinen dreimal die Woche, 3 zweimal, 11 sind Wochenschriften*); 25 dieser Blätter werden in Druckereien hergestellt, welche socialistischen Genossenschaften gehören. Solcher Druckereien existiren dermalen in Deutschland 14. Eine Vergleichung dieser Literatur zeigt gegen das Vorjahr eine Zunahme um 18 Blätter im Laufe von neun Monaten.

„Der Aufschwung unserer Presse", sagt der Berichterstatter, „ist deshalb geradezu ein großartiger zu nennen, zumal dieselbe nicht blos in Bezug auf die Zahl der Blätter zugenommen, sondern sich, und das ist das Wesentlichste, in Bezug auf Abonnenten mindestens verdoppelt hat. Wenn auf dem vorjährigen Congreß die Zahl der Abonnenten, inclusive des Unterhaltungsblattes «Die Neue Welt» auf nahezu 100000 angegeben werden konnte, so beläuft sich dieselbe jetzt, nach den Wahlen (vom Januar 1877) ohne «Die Neue Welt» auf weit über 100000; «Die Neue Welt» selbst hat aber einen Abonnentenstand von 35000, der von Woche zu Woche steigt."

Seit dieser Berichterstattung ist die periodische Literatur noch durch eine Monatsschrift „Die Zukunft" vermehrt worden, welche, wie wir sogleich des nähern sehen werden, die Aufgabe hat, den für das deutsche Bedürfniß so wichtigen „wissenschaftlichen" Standpunkt des Socialismus zu vertreten.

Vereine, sondern die verschiedenen Gewerbegenossenschaften, welche die Delegirten entsenden. In seiner Eröffnungsrede sagte der Vorsitzende des lyoner Congresses: Die Versammlung werde durch ihre Haltung beweisen, daß in ihre Gesinnung nichts von Haß gegen die Vermögenden einfließe, und eine Umwälzung der gesellschaftlichen Verhältnisse liege ihren Ideen fern. Diese Worte wurden mit einstimmigem Beifall aufgenommen.

*) Diese Ziffern ergäben nur 40 im ganzen. Doch so steht es im Protokoll.

Außer diesen regelmäßig erscheinenden Organen werden natürlich Flugschriften ohne Zahl veröffentlicht. Eine besondere Rolle spielt der socialistische Kalender „Der Arme Konrad", zur Erinnerung an den Bauernkrieg so genannt.

Die Stellung, welche der Socialismus bei uns durch seine Preß- und Vereinsthätigkeit einnimmt, würde genügen, um Deutschland den Namen des classischen Landes des Klassenkampfes zu sichern. Doch treten noch mehrere andere Gründe zur Bekräftigung dieses Anspruchs hinzu. Deutschland ist die Pflanzschule für die Ausbreitung und Vertretung dieser Lehren in der übrigen Welt, ist der apostolische Sitz des neuen Glaubens, von dem die Missionare in aller Herren Länder entsendet werden und in allen Zungen predigen. Wo irgendwo in Europa oder Amerika ein communistischer Congreß oder Aufstand zu verzeichnen ist, finden sich auch Deutsche an der Spitze, oder sie sind auf die Führung von vorwiegendem Einfluß. Bei den großen Weltcongressen der Internationalen, welche seit dem Jahre 1866 in Genf, Haag, Brüssel abgehalten wurden, standen immer die Deutschen im Vordergrunde. Die englischen Communisten waren in Genf 1873 durch den deutschen Schneider Eccarius vertreten, von welchem allerdings der im Januar 1874 zu Sheffield versammelte Congreß der englischen Arbeitervereine nichts wissen wollte. Neben Eccarius ragen in Genf noch ganz besond'ers die Deutschen Joh. Phil. Becker und Amandus Gögg hervor. Dem Haager Congreß präsidirte Marx in Person (1872). Aehnliches erfahren wir aus Amerika. Der gewaltige Aufstand der Eisenbahnarbeiter, welcher im Sommer 1877 eine Reihe großer Städte der Union heimsuchte, hatte schon im Jahre 1873 sein kleineres Vorspiel, das, wie es Vorspielen oft passirt, unbeachtet blieb. Auch damals schon fanden socialistische Arbeiterversammlungen statt, und bei einer Ende December (1873) in Chicago abgehaltenen hielt der Vorsitzende seine Reden in beiden Idiomen, indem er zuerst englisch sprach und dann den Text auf deutsch wiedergab. Und bei den blutigen Excessen, welche um dieselbe Zeit unter Aufpflanzung der rothen Fahne auf Tompkin-Square zu Neuyork stattfanden, hießen die Hauptredner Christian Meyer und Joseph Höflicher; die Gesellschaft, welche damals die communistischen Sturmpetitionen zu Chicago veranstaltete, trug den aus Deutschland importirten, noch heute bei uns öffentlich beglaubigten Titel: „Socialpolitischer Arbeiterverein."

Die Anfänge aller communistischen Verbindungen in Amerika werden auf deutsche Stiftung zurückgeführt. Die „Internationale Arbeits-Föderation" von 1867 wurde von den deutschen Sendlingen der Marx'schen Mutterloge gegründet, und Chicago, einer der Punkte des Westens, den die deutschen Einwanderer vorzugsweise aufsuchen, ward ihr Hauptquartier. Die große Katastrophe im Juli 1877 liefert auch wieder deutsche Namen, sobald sie sich von der bloßen Arbeitseinstellung zur socialistischen Verschwörung erweitert. Zu dem großen Meeting, welches die Internationale auf den 25. Juli nach Neuyork berief, wurden zwei Tribünen aufgeschlagen, eine für die englisch und eine für die deutsch Sprechenden. Hier begegnen wir einem Hauptredner mit Namen Justus Schwab. Bei einem ähnlichen Versuch in St. Louis, welcher mit Gewalt unterdrückt wurde, figuriren unter den verhafteten Rädelsführern wieder zwei Deutsche, Fischer und Kuhriem; letzterer hatte am 26. Juli, als der Pöbel für einen Moment siegreich schien, ein Telegramm nach Leipzig abgelassen: „St. Louis, Stadt von 300000 Seelen, ist in unserer Gewalt!"

In der Schweiz ist das internationale Element da am stärksten, wo auch der deutsche Einfluß am größten ist, im Canton Zürich. Genf ist nur wegen seiner Lage zwischen drei Sprachgebieten zum Stelldichein für die Agitatoren erwählt worden. Das geistige Oberhaupt der ganzen Internationalen ist bekanntlich der Deutsche Karl Marx, dem sein Landsmann, Friedrich Engels, als Vicar zur Seite steht. Die Statuten, welche der Constituirung der Internationalen auf dem Genfer Congreß 1866 zu Grunde gelegt wurden, sind ausschließlich von Marx verfaßt. Auch der zweite große Congreß der Internationalen im Haag (1872) war das Werk von Marx. Unter den 65 Namen der daselbst Versammelten begegnet man 25 Deutschen. Neuyork und Zürich sind durch Deutsche vertreten. Man kann, wie in einer Beleuchtung dieser Verhältnisse geschehen*), das großthuerische und windbeutelige Auftreten dieser Leute herauskehren und davor warnen, die unbedeutenden Menschen, die sich dazu drängen, wichtig zu nehmen. Interessant bleibt immer, wie auch das abenteuerliche und selbst das komische Element der Agitation sein stärkstes Contingent aus Deutschland bezieht.

Selbst wenn man von der Nationalität der Personen absieht, welche sich zu Trägern dieser Ideen gemacht haben,

---

*) Franz Mehring, „Die deutsche Socialdemokratie" (Bremen 1877), eine Darstellung, welche viel Material in ansprechender Form verarbeitet hat.

muß man noch an der Auffassung festhalten, daß der Inbegriff der heute umgehenden socialistischen Formeln geistiges Eigenthum der Deutschen ist, nicht zwar seinen Anfängen nach, aber kraft des Rechts der Aneignung durch selbständige Bearbeitung (Specification). Die alte französische Socialliteratur, die von den dreißiger bis in die funfziger Jahre hinein beinahe ausschließlich das Gebiet beherrschte, ist längst beiseitegelegt, in Vergessenheit gerathen — zu sehr, weil man sonst besser wüßte, daß alle gelehrten und ungelehrten Programme der deutschen Gesellschaftsretter eigentlich doch nur die alten Steine in einem neuen Baustil untergebracht haben. Auf Saint-Simon und Fourier, auf Cabet und Considérant beruft sich keiner mehr. Louis Blanc's „Organisation der Arbeit" ist in die „planmäßige Production" wissenschaftlich und sogar gottesfürchtig vertieft worden. Proudhon ist längst als ein „elender Bourgeois" gebrandmarkt, dagegen verschmäht nicht der frömmste aller deutschen Protestanten, Pastor Todt, in seinem neuesten Organ*) auszurufen: „Der heutige Concurrenzkampf ist nichts als ein durch Eigenthumsillusionen verhülltes System von Expropriationen!" „La propriété c'est le vol." Mit andern Worten sagt das der Pfarrer auch.

Die Gesammtheit der Theorien in allen ihren Abstufungen von der Formulirung des brutalen Klassenkriegs bis zu den sanftesten Tönen des Appells an die Menschen- und Christenpflichten trägt heute ganz vorherrschend das Gepräge des deutschen Ingeniums. Kein Land der Welt kann an

*) „Der Staatssocialist. Wochenschrift für Socialreform" (von einem Pietisten, einem Schutzzöllner und einem Agrarier gestiftet).

gelehrter und ungelehrter Literatur einen solchen wuchtigen Bestand auf diesem Gebiete nachweisen wie wir, und was wir darin leisten, ist durch und durch gesättigt vom deutschen Geist, zeigt die Spuren seiner Stärke und seiner Schwächen. Namentlich auf dem Gebiete der gelehrten Socialistik stehen Frankreich und England hinter uns zurück. Was socialistisch in Italien angehaucht ist (dessen verständiges Volksnaturell der ganzen Richtung von Grund aus widerstrebt), beschränkt sich auf eine geringe Zahl jüngerer Gelehrter, welche Deutsch verstehen und sich als Schüler unserer Meister bekennen. Am bezeichnendsten aber für den nationalen Charakter des deutschen Socialismus ist der Anflug wissenschaftlicher Färbung, der ihm selbst in den derbsten revolutionären Kreisen bewahrt bleibt. Wissenschaftliche Feinschmecker, Marx und Lassalle, haben die Evangelien des neuen Arbeiterbundes geschrieben, Professoren und philosophische Gelehrte wie Schäffle und Adolf Wagner, Rodbertus, Dühring und Lange haben sie kanonisch ausgelegt; und noch in den Pulver- und Petroleumsgeruch, den die wesentlich aus Arbeitern bestehenden Socialistencongresse ausströmen, mischt sich etwas von dem feinen Dufte quintessenzlicher Abstraction. Herr Liebknecht, der seine Studien gemacht hat, ist der eigentliche Spiritus rector der ganzen Verbrüderung, und seine persönliche Energie war es, welche über die verschiedenen Sekten der Partei schließlich triumphirt und das schwere Werk ihrer Verschmelzung zu Stande gebracht hat. Wahrscheinlich ist in der Literatur und Geschichte des Socialismus kein Mann in und außer Deutschland besser bewandert als dieser Lobredner der Commune. Hat das nicht neben so vielem Abstoßenden auch etwas Anziehendes? Könnte es Einen nicht rühren, zu hören, daß derselbe Herr Liebknecht, der auf der Tribüne des Reichstages durch seine stark gepfefferten Reden die Nerven seiner Collegen zum Uebermaß reizt, ihrer Bibliothek fortwährend Sammlungen interessanter Werke aus dem Gebiet seiner „Wissenschaft“ verehrt? oder daß, competentem Zeugniß zufolge, die socialdemokratischen Abgeordneten nicht nur zu den fleißigsten Lesern dieser Bibliothek gehören, sondern sich auch durch pünktliche Zurückstellung und respectvolle Behandlung der Bücher auszeichnen? Und selbst der ins Komische gezogenen Erscheinung des Abgeordneten und ehemaligen Buchbinders Most, welcher mit Professor Mommsen um die Palme der römischen Geschichtsforschung ringt, ließe sich eine rührende Seite abgewinnen. Gäbe es nur nicht etwas Wichtigeres zu thun, als sich rühren zu lassen! In Wahrheit ist dieses Anknüpfen an die Wissenschaft darauf berechnet, die edelsten Triebe des deutschen Naturells zu misleiten. Und nicht blos mit Berechnung haben wir hier zu kämpfen. Etwas Weiteres greift hier ein; nichts Geringeres als der organische Zusammenhang zwischen dem Besten und dem Schlimmsten, was in uns steckt! Nicht umsonst hat Marx seine internationale Camorra mit einem schwergelehrten Rüstzeug ausgestattet, welches mehr als sämmtliche Erlasse „an die Proletarier aller Länder“ darauf eingerichtet ist, Bresche in den deutschen Geist zu legen. Und Lassalle ist auf nichts so stolz, als daß nach dem Erscheinen seiner Bücher über „Herakleitos“ und über „Das System der erworbenen Rechte“ Humboldt und Böckh ihn, wie er zur Unterstützung eines Heirathsantrags sich brüstet, zu ihresgleichen gerechnet hätten. Diese Sinnesart hat sich in der Ueberlieferung erhalten, bezeichnenderweise bis in dieselben

Massen hinein, welche gelegentlich auch wieder zu dem wüstesten Auftreten bereit sind. Es ist höchst interessant, zu beobachten, wie die militirende Socialdemokratie ihre Aufgabe nach dieser Seite hin zu würdigen weiß. Die mehrfach erwähnten Protokolle des letzten Congresses geben auch hierüber sehr merkwürdigen Aufschluß. Zur Behandlung kam nämlich der Antrag: „Eine wissenschaftliche Revue in geeignetem Format monatlich zweimal in Berlin herauszugeben." Der Antrag war zunächst dadurch veranlaßt, daß in dem gemeinsamen Centralorgan „Vorwärts" (aus dem ehemals einseitig Marx'schen Organ „Volksstaat" hervorgegangen) die zu streng wissenschaftlichen Beiträge Anstoß erregt hatten. Ein Congreßmitglied (Geib) unterstützte den Vorschlag mit der Begründung, durch dessen Annahme werde das „Vorwärts" so weit entlastet, daß es seiner agitatorischen Arbeit mehr als bisher genügen könne. „Eine Trennung der Wissenschaft von den Arbeitern, wie manche befürchten, werde durch dieses Organ entfernt nicht bewirkt. . . . Um der Revue vorzuarbeiten, empfehle er, Redner, schon jetzt halbmonatlich dem «Vorwärts» eine wissenschaftliche Beilage gratis beizugeben." Auf verschiedene Einwürfe antwortet ein neuer Redner:

Daß, je mehr das politische Leben in den Vordergrund trete, die wissenschaftliche Seite, wenn man für sie nicht besonders einstehe, zurücktrete. Allein es sei nothwendig, daß letztere gepflegt werde. Man habe vielfach gesagt, das „Vorwärts" sei in der letzten Zeit zu viel für wissenschaftliche Arbeiten in Anspruch genommen und dadurch der agitatorische Zweck desselben behindert worden. Um die Verflachung der Partei zu verhindern, sei es aber nöthig, daß wissenschaftliche Arbeiten dem Volke geboten werden, und empfehle sich deshalb die vorgeschlagene Revue.

Dieser Antrag fand denn auch schließlich die Mehrheit, und die wissenschaftliche Revue „Die Zukunft“ erscheint regelmäßig seit October in rothem Umschlag.*)

Man rühmt der preußischen Armee nach, daß ihre große Ueberlegenheit mit dem tiefen wissenschaftlichen Geist, der in ihr und über ihr walte, aufs innigste zusammenhänge. Wir erbauen uns an dem Gedanken, daß in der Persönlichkeit ihres großen Feldherrn der Typus des Gelehrten und des Denkers hervortrete. Sollte man nicht sagen, daß die Feldherren des Klassenkrieges einem so richtigen als feinen Instinct folgen, indem sie in ihrem Generalstab die Abtheilung für wissenschaftliche Socialdemokratie mit besonderer Liebe pflegen? Einen Vortheil gewinnen sie dadurch von vornherein für ihre Taktik, nämlich den, daß sie im literarischen Verkehre sich die Stellung der „meistbegünstigten Nation“ sichern. Unter der sehr großen Zahl von Schriften, welche der deutsche Buchhandel seit einigen Jahren über die „sociale Frage“ in Umlauf setzt, wird man selten auf eine stoßen, welche auch bei der entschiedensten Ablehnung der neuen Lehre sich nicht mit ehrfurchtsvoller Scheu ihr näherte. Die Socialdemokratie bekennt als ihren ersten Glaubensartikel die offene

*) Die Hefte, welche bisjetzt nur im Umfang von zwei Bogen halbmonatlich erscheinen, sind ganz in Form und Art unserer andern periodischen Zeitschriften redigirt, bringen Gutes und Mittelmäßiges, Bibliographien und Recensionen, und befleißigen sich offenbar mit Hinsicht auf das, was zum Ernst erforderlich ist, auch einer gewissen Langweiligkeit.

Die in Zürich erscheinende Monatsschrift die „Neue Gesellschaft“ kann auch zu den deutschen Organen der Socialdemokratie gerechnet werden.

Feindseligkeit der Arbeiterpartei gegenüber allen andern Klassen (Art. 1 des officiellen Programms). Sie erklärt deren Ausrottung für ihr eigentliches Ziel. Beinahe alle Widerlegungen schlagen im Gegentheil den bescheidenen Ton eines Vertheidigers an, welcher nur für mildernde Umstände plaidirt. Mit Hülfe des „wissenschaftlichen" Abzeichens ist die Socialdemokratie in eine Stellung eingerückt, vor der jeder Angreifer sich zuerst einmal verneigt, ehe er losschießt. Durch die antisocialistische Literatur geht ein Zug demüthiger Abbitte, welche zu sagen scheint: „Entschuldigt uns, daß wir der schnöden Klasse der Bourgeoisie angehören, und glaubt an unser Versprechen künftiger Besserung." Wie der Sache, so den Personen nähert man sich nur entblößten Hauptes. Alle Darstellungen des Lebens und der Lehre Lassalle's glauben an das Titanendiplom, das er sich selbst ausgestellt hat. Wenn das die Ungläubigen und die Halbgläubigen thun, wie natürlich, daß die officielle Socialdemokratie ihm nach seinem Tode göttliche Ehren decretirt hat! Sieht man dagegen unbefangenen Auges in das biographische Material hinein, welches uns zu Gebote steht, so ist man betroffen von dem alles beherrschenden Charakterzug grotesker Geckenhaftigkeit. Wenn es nicht sündhaft wäre, die Namen der großen Männer Deutschlands, derer, die noch leben, wie derer, die dahingegangen, in Einem Athem mit dem Namen dieses talentvollen Agitators zu nennen, so möchte man versucht sein, eine Parallele zu ziehen zwischen den Briefen, die wir von jenen besitzen, und zwischen denen, welche die Lassalle-Literatur ans Licht gefördert hat. Ein lehrreicher Gegensatz fürwahr: das einfach menschliche Sichgeben, Denken und Fühlen wahrhaft großer Geister, und das hohle Gigantenthum eines Proletariatserlösers, der seine Märtyrerschaft in die Wolken hebt, um aus diesen Wolken in die parfumirten Boudoirs niederzusteigen. Dieser große Mann schreibt jungen Frauenzimmern, daß er geboren sei, um den Kampf mit einer Welt durchzufechten, und im selben Text erklärt er ihnen: noch niemals habe ein Weib ihm widerstanden, aber er habe noch niemals gehuldigt, denn ihm stehe nur an, zu nehmen, nicht zu geben; und so mehrere Bogen voll Renommisterei ohne Ende, abwechselnd mit Beschreibungen, wie die Arbeiterscharen ihren Tribun auf ihren schwieligen Händen im Triumph dahergetragen.*)

Es würde der Mühe nicht lohnen, bei dieser individuellen Abgeschmacktheit zu verweilen, wenn die andachtsvolle Behandlung, welche hier dem persönlichen Auftreten einer falschen Größe zutheil wird, nicht charakteristisch wäre für gewisse andere — innerlich verwandte, wenn auch auf ganz anderm Gebiete sich breit machende — Erscheinungen. Sollte in dieser oder jener Sphäre aller kritische Sinn fürs Lächerliche abhanden gekommen sein? Sollte jeder talentvolle Charlatan hunderttausend Deutsche — von den Deutschinnen zu schweigen — hinter sich her ziehen können, wenn er nur mit der nothwendigen Selbstgewißheit auf die Bühne tritt und versichert: er sei von Gott gesandt, das Bestehende an Haupt und Gliedern zu reformiren? Doch bleiben wir bei unserer Socialdemokratie!

---

*) Wie kindlich und bescheiden klingt, dazu verglichen, die Anrede, mit welcher der Vorgänger Saint-Simon sich jeden Morgen von seinem Bedienten wecken ließ: „Levez-vous, Monsieur le comte, vous avez de grandes choses à faire.“

Man braucht durchaus nicht anzunehmen, daß die halbe Million erwachsener Personen männlichen Geschlechts, welche bei den letzten Reichstagswahlen Stimmzettel auf socialdemokratische Candidaten lautend in die Urne geworfen haben, darum auch wohl einexercirte und zum Losschlagen bereite Soldaten des Klassenkrieges seien, und daß, von den Verhältnißzahlen der Wähler auf die der ganzen Bevölkerung zu schließen, der zehnte Theil der letztern sich zum Socialismus bekenne. Ist doch überhaupt da, wo die großen Zahlen die großen Fragen beantworten sollen, nicht von der Voraussetzung auszugehen, daß die Antwort auf klaren, bewußten Entscheidungsgründen beruhe. Hier walten elementare Kräfte, welche anziehend oder abstoßend auf die Gesammtheit der Vorstellungen und mehr noch der Gefühle wirken. Was aber aus der noch dunstförmigen Unklarheit geistiger Massenbewegung in die Wahlurne hineinströmt, das kommt als Resultat zum festen Kern verdichtet heraus und wird von denen, welche mit bewußter Kunstfertigkeit das Instrument der öffentlichen Meinung spielen, zur Befestigung und Vermehrung ihres Einflusses verwerthet. Daher wäre es falsch, sich bei dem Gedanken zu beruhigen, daß der Anhang, über den die Führer des Klassenkampfes dermalen verfügen, den letzten Schlüssen und Absichten derselben noch nicht gewonnen sei. Einstweilen dient er ihren Zwecken, und das ist die Hauptsache. Wie weit er unter gefährlichern Umständen ihnen trotz seines unklaren Bewußtseins Heerfolge leisten würde, wollen wir im Verlaufe dieser Untersuchung in Betracht ziehen.

Vorerst gilt es, sich Rechenschaft zu geben, woher es kommt, daß der socialistischen Fahne unaufhörlich wachsende

Mannschaft zuströmt. Mit der allgemeinen Natur der hier wirkenden Ursachen hat der erste Theil unserer Darstellung sich beschäftigt. Dieselben in alle Einzelheiten zu zerlegen und der Reihe nach aufzuführen, ist nicht nothwendig, schon weil das meiste davon zur Genüge bekannt ist. Mit den Misstimmungen der mannichfachsten Art, welche jede menschliche Gesellschaft stets durchziehen, geht es wie mit den kleinen Gewässern, welche in die größern rinnen, und in dem das Gebiet beherrschenden Strom sammeln sich zuletzt alle Bächlein. So ist der Socialismus in Deutschland das Receptaculum einer Menge der verschiedenartigsten Unzufriedenheiten geworden, die, der stärksten Abdachung ohne Wahl folgend, schließlich in das socialistische Flußbett hineinsickern. Diese Bewandtniß hat es mit den meisten Stimmen, die mit Namen wie Hasenclever oder Most zur Urne wandeln.

IV.

So irrig die Auffassung wäre, aus den öffentlichen Abstimmungszahlen auf den effectiven Bestand der socialistischen Kriegsbereitschaft zurückzuschließen, so falsch wäre es aber auch andererseits, anzunehmen, daß das Anwachsen dieser Zahlen gar nicht auf eine veränderte Richtung im Gedankenkreise der Abstimmenden hindeute. Den Führern und ihrem nächsten Gefolge steht doch etwas mehr als eine vom Zufalle in ihre Hände geschobene Masse zur Verfügung. Vor der allzu geringschätzigen Werthung menschlicher Gesammterscheinungen muß man sich hüten, zumal in Deutschland, wo das Denken sein Reich mehr als irgendwo sonst in die Breite und Tiefe des Volks erstreckt. Ideale, echte oder falsche, können bei uns nicht mächtig werden, ohne daß sie durch den ernsten Denkproceß der Nation hindurchgehen. Die socialistischen Führer haben das mit That und Wort bekannt. Wer seinen Theil an der Zukunft haben will, muß zunächst für seinen Theil an der Wissenschaft sorgen.

Wie der deutsche Geist beschaffen ist, müssen wir, um uns die große Ausbreitung des Socialismus erklären zu können, den Lauf des socialistischen Gedankens stromaufwärts verfolgend, an die Stelle gelangen, wo die Quellen des Forschens und Wissens in fester Fassung zu Tage liegen. Aber bekanntlich braucht es auch keine mühevolle Entdeckungsreise, um diese Brunnenkammern aufzufinden. Es steht als unbestrittene Thatsache fest, daß die Lehre und das Studium der Volkswirthschaft auf unsern Hochschulen sich im Anfang dieses Jahrzehnts mit Vorliebe den socialistischen Problemen zugewandt hat. Die Universitätsgelehrten der Nationalökonomie, welche etwas früher oder später sich nicht zur „Lösung der socialen Frage“ in irgendein mehr oder minder zustimmendes Verhältniß setzten, gehörten zu den Ausnahmen und schienen auf den Aussterbeetat kommen zu sollen. Einige wenige haben sogar schließlich mit anerkennenswerther Offenheit erklärt, daß sie den socialistischen Standpunkt sans phrase einnehmen. Das die ganze neue Richtung bezeichnende Wort hätte sicherlich nicht so rasch Eingang in die Sprache gefunden, wenn die charakteristische Erscheinung nicht nach einem Ausdruck verlangt hätte. Wie in keinem deutschen Lexikon mehr der „Kathedersocialismus“ fehlen darf, so ist er auch schon über unsere Grenzen hinausgedrungen. Den Lesern publicistischer Literatur in Frankreich sind die deutschen „Socialistes de la chaire“ eine geläufige Bezeichnung, wie den Italienern die „Socialisti della cattedra“.

Dem Inhalte nach läßt sich der akademische Socialismus schon deshalb hier nicht erschöpfend charakterisiren, weil im Verlaufe weniger Jahre alle möglichen Schattirungen sich herausgebildet haben. Im Großen und Ganzen ist seit dem ersten Anlauf in den grundlegenden Congressen (zu Eisenach) die Haltung eine viel ruhigere geworden. Nur selten noch treten die Versuche zur „wissenschaftlichen Lösung der socialen

Frage" auf, und die einzelnen wirthschaftlichen oder socialen Probleme, denen man seine Arbeit widmet, werden vom Standpunkt der versöhnlichen Anlehnung an die gegebenen Verhältnisse aus behandelt. Man könnte auch in die Einzelheiten dieser Doctrinen nicht eintreten, ohne die Zahl der Bücher über die sociale Frage — und alle nennen sich wissenschaftlich — mit denen wir so reichlich gesegnet sind, um eins zu vermehren. Es handelt sich für unsere Aufgabe weder um eine solche Darstellung, noch um eine Polemik, sondern nur um den Hinweis auf den Einfluß, welchen die akademische Betheiligung an den socialistischen Versuchen auf die ganze Bewegung ausgeübt hat. Dieser Einfluß ist ebendeshalb so groß geworden, weil eine Theorie, sobald sie sich der Universitäten bemächtigt hat, damit auch von unserer Literatur und sogar von unserm Leben Besitz ergreift.

Auf diesem Wege kam eine Reihe von stereotypirten Formeln in Umlauf, mit welchen Groß und Klein in der Presse und in den Versammlungen Ball spielt — als da sind: daß die Vermögensungleichheit jetzt größer sei als in ältern Zeiten, daß die Massen unglücklicher seien als ehemals, daß das Vermögen einseitig in festen Händen bleibe und ihnen allein zuwachse, daß das Kapital der Arbeit gegenüber allmächtig herrsche, ihr seine Gesetze widerstandslos vorschreiben könne, und was dergleichen Axiome derselben Gattung mehr sind. Aus solchen Vordersätzen, welche so ziemlich das Gegentheil der Wahrheit enthalten, wurde dann die Folgerung gezogen, daß die bisher in Kraft gewesene Ordnung der Gesellschaft verworfen und durch eine andere ersetzt werden müsse, daß es Sache der Regierung und Gesetzgebung sei, dies zu besorgen, und schließlich schien es vielen das Einfachste, den

Plan zu einer gerechtern Weltordnung und zu einer dieselbe auch für alle Zukunft regulirenden Ueberwachung bei der „Wissenschaft“ zu bestellen. Die „Wissenschaft“ ließ es sich nicht zweimal sagen. Nun begaben sich eifrige Jünger an das Entwerfen von Rettungsprojecten für die menschliche Gesellschaft. Die einen ersannen Systeme, nach denen die Arbeiter in historische und organische Gruppen eingefügt werden müßten, um dem „Kapital“ Widerstandskraft entgegensetzen zu können; andere erfanden Steuern, durch welche die Ungleichheit des Besitzes nach Möglichkeit ausgeglichen würde. Während auf dem Steuerwege dem, welcher — immer nach Ansicht der „Wissenschaft“ — zu viel hatte, dieses Zuviel genommen und dem, der zu wenig hatte, zugewendet werden sollte, gaben andere Mittel an, wie zu verhüten sei, daß ein Mensch durch bloßen Zufall „ohne sein Verdienst“ reicher werde, beispielsweise weil durch die „Conjunctur“ des Marktes die in seiner Hand befindliche Waare zu einem höhern Marktpreise gelangt wäre. Daraus wurde denn auch sogleich ein „wissenschaftlicher“ Begriff: „Conjuncturengewinn“. Alles Mögliche wurde in dergleichen Kategorien untergebracht; und da die ganze geistige Gährung ihren Sauerteig aus der „Gründerzeit“ empfangen hatte, so findet sich auch jedes Infusorium dieser Schöpfungsperiode unter dem Mikroskop des Staatsheilkünstlers wieder, nur natürlich in den wissenschaftlichen Begriff eingekapselt. Man könnte beinahe die Gummiräder, mit denen ein Dutzend Gründer im Uebermuth ihres individualistischen Egoismus sich den für Alle gleich sein sollenden Ungleichheiten des berliner Straßenpflasters zu entziehen suchten, in den Kapiteln wiederfinden, wo die Wissenschaft mit ihren Messungen den sittlichen Luxus von dem unsittlichen scheidet, damit auf Grund dieser Eintheilung der Gesetzgeber die erlaubten Wege des Genießens bei Strafe des Verlustes der Genußmittel vorzeichne. Mit Einem Satz sprang die Gelehrsamkeit mitten in den Schwarm der Eintagsfliegen hinein, welche die Sonne eines Morgens ausgebrütet hatte. Der Unwille über plötzlich und arbeitslos erworbenen Besitz hat sichtlich dem größten Theil der damals entstandenen socialwissenschaftlichen Literatur seinen Stempel aufgeprägt, weshalb sie eben auch ein so vortreffliches Arsenal geworden, aus welchem die Angreifer geringer Art sich Waffen holen konnten. Nichts ist charakteristischer für die sich durch alles durchziehende Auffassungsweise als die stets wiederkehrende Klage über den glänzenden Ueberfluß, dessen sich Wenige erfreuen. Denn nichts verräth deutlicher, daß diese scheinbar im Namen des Proletariats erhobene Klage gar nicht von demselben herstammt. Für den Besitzlosen ist nämlich der Hausstand des kleinsten Kleinbürgers genau so starker Gegensatz als der prunkende Luxus des Palastes, und mit Recht. Die Schätzung der Unterschiede beginnt erst in höhern Regionen, und was in den besitzlosen Schichten an Unwillen gegen übertriebenen Luxus wirklich empfunden wird, ist erst aus dem Geist der Besitzenden in sie hineingetragen worden. Prüft man die Schilderungen und Urtheile etwas näher, so entdeckt man sogar in dem Gegenstand des Anstoßes nirgends das schlechthinnige Uebermaß des Besitzes oder des Verbrauches, sondern nur einen in neuer augenfälliger Manier erlangten Besitz oder einen in neuer augenfälliger Manier vor sich gegangenen Verbrauch. Opulentes Vermögen mit opulentem Hausstand hat es von jeher gegeben, und wer Schilderungen des Hoflebens und der Lebensweise des Landvolkes von vor hundert Jahren nachlesen will, wird unmöglich bestreiten, daß sinnlose Verschwendung und jämmerliches Elend damals viel größere Contraste boten als heutzutage, gerade wie auch die Besitzenden heute viel arbeitsamer geworden sind, als sie ehemals waren. Was neuerlich Anstoß erregte, war, daß eine gewisse Sorte von Leuten durch gewisse Manipulationen schnell zu Gelde gekommen war und daß sie von dem raschen Gewinn einen augenfälligen und übermüthigen Gebrauch gemacht hatte. Diese schon oft dagewesene Erscheinung fiel dem nächsten Zuschauerkreis, aus dem auch die socialistische Schriftstellerei sich rekrutirt, in die Augen und wurde so rasch von ihr als großes Argument verwerthet, daß sie nicht einmal Zeit fand, den fünften Act des Schauspiels abzuwarten, welcher bekanntlich auf echt moralische Weise lehrt, daß mit der Flöte davongeht, was mit der Trommel gewonnen ward. Wenn der Socialismus nur an diesen Ausgeburten des Moments Anstoß nähme, so wäre ihm bald geholfen. Aber sind ihm die altererbten Besitzthümer der Fürsten, Grafen und Barone oder der großen Handelshäuser ehrwürdiger als die neugewonnenen Reichthümer der Börsenspeculanten? Paßt das hundertjährige Ahnenschloß mit seinen feierlich ernsten Hallen besser in sein System als die prunkende Villa des Emporkömmlings? Wird sein Bedürfniß nach Gleichheit weniger verletzt durch die Sammtschleppe, welche ein Page nachträgt, als durch die Atlasschleppe, welche eine Lieferantengattin im Staub der Promenade nachschleift? Nein! hier hat man es gerade ausschließlich mit Empfindungen der Bourgeoisseele zu thun. Sie haben weder mit den Grundsätzen des Socialismus noch mit den Wahrnehmungen des Proletariats etwas gemein. Hier wie in vielen andern Fällen hat die Quelle bürgerlicher Misempfindung den Strom socialistischer Agitation gespeist. Wie mancher, der sich im Spiel ruinirt hat, ist aus Mismuth darüber den Ideen einer gerechtern Gütervertheilung erst zugänglich geworden! Wie viele — wer kennt sie nicht! — haben aus dem Jammer eines unglücklichen Börsenfeldzuges heraus socialistische Abhandlungen über die Unsittlichkeit des Kapitalgewinns geschrieben! Und auch mancher verunglückte Actienjäger ist bei den Gründerprocessen als Eideshelfer der höchsten Gerechtigkeit wieder aufgetaucht!

Es wäre nur mit Mühe zu fassen, daß die mit Recht wegen ihres Ernstes berühmte und oft wegen ihrer Schwerfälligkeit angeklagte deutsche Wissenschaft sich eine Zeit lang mitten in diesen Strudel stürzte, um, noch triefend von allen trüben Wassern, die darin kreisen, wieder emporzusteigen, die Hände voll von Prospecten und Vorschlägen zur ewigen Entsündigung der Welt; es wäre nur mit Mühe zu fassen, wenn wir nicht wüßten, daß man auch des Guten zu viel thun kann. Auch der wissenschaftliche Sinn kann übertrieben, die wissenschaftliche Potenz kann überschätzt werden, eine Uebertreibung und Ueberschätzung, die um so begreiflicher ist, je Größeres Deutschland seiner Wissenschaft verdankt. Weil wir soviel in und mit ihr vollbracht, glaubte man einfach, es müßte alles damit zu vollbringen sein. Und wo einmal naiverweise der gute Glaube wirkt, stellt sich auch natürlich alsbald das Interesse ein, um ihn zu beleben und auszunützen. Nun sollten auf einmal die Wissenschaft und ihre Jünger alle Probleme des Lebens lösen, und wer immer ein Problem lösen wollte, mußte natürlich auch seine Methode für Wissenschaft ausgeben. Es ist ja richtig, daß der Deutsche sich im ganzen mehr durch Geschicklichkeit zum theoretischen Lernen als zum Leben auszeichnet. In seinen Kopf geht alles hinein, und in seinem Kopf bringt er alles fertig. Andere Nationen machen viel mit ihren fünf Sinnen und zehn Fingern, ohne sich im Verstande soviel Rechenschaft davon zu geben. Wir sind mehr gelehrig als anstellig, haben mehr Kritik als Geschmack, unsere Ueberlegenheit zeigt sich mehr da, wo wir mit umsichtiger Vorbereitung arbeiten, als da, wo der Augenblick zum Improvisiren auffordert. Als wir nun im Zeitraum weniger Jahre zwei mächtige Nachbarreiche auf den Schlachtfeldern und im Cabinet besiegt hatten und die Welt fragte: woher wir die Mittel dazu genommen, besannen wir uns auf das Geheimniß unserer Stärke und glaubten das Richtige gefunden zu haben in der Antwort: „Der Schullehrer hat die Schlacht von Sadowa gewonnen!" Aller Vermuthung nach war es ein Schullehrer, der diesen Spruch erfunden hat, denn is fecit cui prodest. Schon vor Jahren hat Lasker, den niemand wegen Unterschätzung der Doctrin in Verdacht haben wird, vor diesem Dictum gewarnt, welches die Welt auf den Kopf stellt. Denn nichts kann weniger in der Schule beigebracht werden als Genie, und den Ausschlag zum Großen, was Deutschland vollbracht, gab das Genie der großen Männer, die im richtigen Moment sein Geschick in ihre Hände nahmen. Staats- und Kriegskunst sind zwei Künste, nicht zwei Wissenschaften, wohl zu merken! Dem Geheimniß der Feldherrnkraft nachzuspüren ist uns nicht gegeben; was aber das Politische angeht, so ist gewiß: weniger von einem Schullehrer hat nie ein Deutscher an sich gehabt als der Reichskanzler. Man könnte beinahe sich fragen, wie ein Mann, der so schroff das Gegentheil von einem Schullehrer ist, in Deutschland geboren werden konnte? Deutschland hat endlich den Bann, der es so lange daniederhielt, durchbrochen, eben weil es einen Staatsmann fand, der so ganz anders geartet war wie alle andern. Denen freilich, welche Natur und Schicksal demokratisiren wollen, indem sie lehren, niemand sei unersetzlich, paßt diese Auffassung nicht; aber niemand ist auch aristokratischer als Natur und Schicksal.

Nachdem nun der Schullehrer die Lorbern des Jahres 1866 in Sicherheit gebracht hatte, fielen ihm auch die von 1870 ohne weiteres zu. Und als in dem von ihm eroberten und gegründeten Deutschen Reiche da und dort eine Lücke sich zeigte, wer anders sollte berufen sein, sie auszufüllen, als er? Ein Taumel, der, wie wir allgemach constatiren, beinahe die ganze Welt bis tief nach Asien und Australien hinein ergriffen hatte, erweckte maßlose Nachfrage der Arbeit und diese wieder erweckte maßlose Ansprüche der Arbeiter; aus Begehrlichkeiten und Verlegenheiten saugten die altbekannten und verbreiteten socialistischen Lehren neue Nahrung, und Jünger der Wissenschaft ließen sich allen Ernstes auf die Frage ein: ob nicht Staat und Gesellschaft von Grund aus umzuwandeln wären? Und die Schule, wohlverstanden, war es, die hier antworten sollte.

Die Wendung, welche das öffentliche Leben damit genommen hat, ist sehr gefährlicher Art. Wenn wir aus dieser Ueberschätzung der Schule nicht bald zum richtigen Maß zurückkehren, so laufen wir Gefahr, das gesammte deutsche Leben zu verderben. Indem wir der Wissenschaft Aufgaben stellten, die ihr nicht zukommen, würden wir das Leben durch die Wissenschaft und die Wissenschaft durch das Leben zu Grunde richten, und was Deutschlands größter Stolz und größtes Heil war, sein Lernen und Wissen, würde zu seiner Plage und zu seinem Fluche.

Wissenschaft und Leben haben fortwährend wechselseitig voneinander zu lernen; nur im Austausch ihrer Schätze ist ihr Heil zu finden, nicht aber in der anmaßenden Herrschaft der einen über das andere. Zumal bei uns, wo die Menschen verschiedener Sphären einander durchschnittlich fremder gegenüberstehen, als gut ist. Das vielgepriesene Studentenleben selbst thut das Seinige dazu, dem studirten Mann die Neigung zu abgesonderter Existenzweise einzuflößen. Ein nicht geringer Theil der Studirten bleibt sein Leben lang in diesem Studententhum stecken, und wenn zu Ehren dieser Romantik und der Anhänglichkeit an die Jugendzeit sich auch manches Schöne sagen läßt: die Befreundung mit den Aufgaben des praktischen Lebens wird durch sie nicht gefördert. Manche alte und neue Klage über die Handhabung des Rechts fällt nicht blos dem Buchstaben des Gesetzes zur Last, sondern dem Geist, in dem es der Richter zur Anwendung bringt. Der Richter, der aus der kleinen Universitätsstadt in die kleine Kreisstadt übersiedelt und da sein Burschenleben fortführt, ist nicht gerade der Mann, durch die Auslegung des Gesetzes den berechtigten Ansprüchen der vielgestaltigen Praxis nachzukommen, und auch da, wo wir neue Gesetze gemacht haben, um das Versäumte einzuholen, wird oft der Zweck vereitelt, weil die lebensfremde Auslegung den Sinn der Neuerung verkennt. Man denke nur an die Klagen, die wohlbegründeten, zu welchen die Rechtsprechung in

Sachen des Markenschutzgesetzes Anlaß gibt, oder an die Klagen über Misgriffe in der Strafzumessung. Und wenn es so viel Mühe gekostet hat, das Institut der Handelsgerichte wenigstens theilweise dem Corpsgeist der Juristen abzugewinnen, so war derselbe Trieb zur Absonderung nicht ohne Antheil an diesem Widerstande. Auch die einst etwas heftig vorgebrachte Klage über den zu großen Antheil des Kreisrichters an der Gesetzgebung war nicht so ganz aus der Luft gegriffen, insofern sie gegen eine in der Enge des Daseins wurzelnde Abstraction Verwahrung einlegte. Nicht blos an Juristen, sondern auch an Studirten anderer Fächer lassen sich die Spuren dieser Einseitigkeit verfolgen, und es wäre ein Wunder, wenn wir sie nicht wiederfänden in den Reihen der eigentlichen strengen Gelehrtenwelt. Das Bewußtsein des höchsten wissenschaftlichen Berufs, die schöne Ehrfurcht, welche diesem von jeher der lernbegierige Sinn der Nation entgegenbrachte, und — doch auch sicher nicht zu vergessen — die Gewöhnung, mit einer passiven Zuhörerschaft andächtiger Jünglinge zu verkehren, müssen einen Grad von Selbstgewißheit geben, die leicht zu weit geht, wenn sie sich in die Welthändel mischt. Und dieser Versuchung erlag zur gegebenen Stunde mehr als einer, als man ihm zurief, es sei seine Aufgabe, den staatlichen und gesellschaftlichen Bau von Grund aus zu revidiren. Denn die Rede ging ja, die ganze bestehende Ordnung der Dinge sei „bankrott" geworden! Nach welchen Regeln war denn die neue Ordnung einzurichten? Diese wurden nun gesucht und aufgestellt, und zwar, wie man sich ausdrückte, auf wissenschaftlichem Wege. Die oberste dieser Regeln heißt: „Der Schwache muß gegen den Starken geschützt werden." Was läßt sich nicht alles unter diese Formel bringen! Man kann sich anheischig machen, jedes communistische Programm mit ihrer Hülfe bis in seine kleinsten Schrauben und Klammern hinein auszuarbeiten. Verliert man nur einmal den Sinn für die Unterscheidung zwischen Wissen und Können, glaubt man das Leben machen zu können, weil man seine Erscheinungen in Gesetze gebracht hat, so ist dem Selbstvertrauen keine Schranke mehr gezogen. Je ferner man dann dem Leben steht, desto zuversichtlicher wird man an die Arbeit gehen, desto gleichgültiger wird man auf die gegebenen Verhältnisse herabsehen. Nur wo es sich um die Aufgaben der Naturforschung im strengsten Sinn des Wortes handelt, kann das Probiren mit dem Studiren verbunden werden. Im Gegensatz hierzu stehen die Aufgaben der Wissenschaft vom Staat und von der Gesellschaft, denn diese hat ihrem Inhalt gemäß keine Objecte zur Verfügung, an denen sie, wie die Naturforschung, Experimente im kleinen anstellen könnte. Bereitet doch selbst auf dem physikalischen oder chemischen Gebiet der Versuch im Laboratorium noch gar oft Enttäuschungen für die Ausführung in der Praxis. Das ist z. B. in der Metallurgie eine feststehende Erfahrung. Gäbe es Staaten, die sich, wie Frösche und Hunde, zu Versuchen eigneten, so hätten wir auch nichts dagegen, daß socialistische Experimente mit ihnen angestellt würden. Weil dies aber nicht der Fall ist, müssen wir das Leben im großen vorangehen lassen. Doch nicht so urtheilten Die, welche sich verpflichtet hielten, die Wissenschaft mit der Aufgabe großer socialer Reformen zu belasten. Weil sich historisch nachweisen läßt, daß das Eigenthum nicht immer und überall nach denselben Modalitäten anerkannt worden ist, daß im Lauf der Zeit Freiheit und Unfreiheit des Verkehrs in verschiedenen Maßen gegolten haben, wurde der Anspruch erhoben, von doctrinswegen das Eigenthum modificiren und abschaffen, dem Verkehr seine Bahnen und Ziele vorschreiben zu können. Weil dieselbe spontane Kraft, welche die Lebensformen und Functionen der Gesellschaft ins Dasein gerufen hat, sie allerdings auch umgestaltet im Lauf der Zeiten, glaubte man sich an deren Stelle setzen und einen selbsterfundenen Mechanismus einfügen zu dürfen. Man folgte dabei zwar dem Anstoß, welchen der abstracte Rationalismus der französischen Socialisten seit einem halben Jahrhundert gegeben hatte; aber weil man dies sich selbst nicht eingestehen durfte, legte man sich den Titel und Charakter einer „historischen Schule" zu. Die unhistorischste Auffassung des wissenschaftlichen Berufs vindicirte sich den Namen der hervorragend historischen. Als Savigny seine tiefe und schöne Arbeit über den Beruf unserer Zeit zur Gesetzgebung schrieb und darin den Begriff der historischen Schule in seiner Quintessenz niederlegte, kam er zu dem Resultat, daß seine Zeit nicht einmal der Aufgabe gewachsen sei, einen Codex des bürgerlichen Rechts zu machen, und im Grunde zwingt seine Betrachtung, consequent durchgeführt, zu dem Schluß, daß eigentlich nie eine Zeit berufen sei, die im steten langsamen Fluß befindlichen Gewohnheiten und Anschauungen des Rechtslebens in feste Formen zu krystallisiren. Nun aber borgte man ihm seinen Namen ab, nicht um die Regeln des bestehenden Rechts schriftlich zu fixiren, sondern mehr als ein neues Recht: eine ganz neue Gesellschaft und einen neuen Staat zu erfinden. Während man dem Leben neue, meist in der Studirstube ausgeheckte Regeln vorschrieb, rief man den Namen des Mannes an, der sich scheute, das, was das Leben gelehrt hatte, in feste Vorschriften niederzulegen. Es steckt fürwahr ein Stückchen Communismus in dieser Aneignung des historischen Namens!

Wie war es nur möglich, daß eine Anzahl von Gelehrten, denen niemand Tüchtigkeit der Kraft und Reinheit des Willens bestreiten kann, sich einen Augenblick zu solchen Extravaganzen verleiten ließ? Die übertriebene Auffassung des Lehrberufs allein genügt nicht, das zu erklären. Eine zweite Uebertreibung mußte sich damit verbinden, um so viel Verwirrung anzurichten: die übertriebene Auffassung vom Beruf des Staates.

Das Lehren soll alles vorzeichnen und der Staat soll alles vollbringen.

Mit dem Staat sind wir aus einem Extrem ins andere gerathen. Nachdem er während der ganzen Zeit unsers politischen Verfalls zur Caricatur herabgesunken war, hatte kaum die Erkenntniß von seinem hohen Beruf und der Nothwendigkeit eines ihr entsprechenden räumlichen Umfangs sich Bahn gebrochen, als wir sofort die allwissende und allmächtige Gottheit aus ihm machten. Nun soll er alles wissen und alles können, alle Schmerzen heilen und alle Vollkommenheiten herbeiführen. Wo irgendetwas drückt, stellt sofort der Gedanke sich ein: der Staat muß es beseitigen! Bei dieser wachsenden Denkgewohnheit wächst natürlich die Denkfaulheit; und die Hauptsache, nämlich daß wir es beim personificirten Staat mit einer Abstraction, mit einem Gedankending zu thun haben, verschwindet ganz aus dem Gesichtskreis. Die Franzosen, die bekanntlich ein zu lebhaftes Bedürfniß haben, regiert zu werden, sagen: le gouvernement. Dabei denkt man doch noch an Menschen und geräth nicht in Gefahr, das Menschliche der Sache zu vergessen. Sagt man aber „der Staat“, so mischt sich die Philosophie in die Sache, und sofort stellt der Begriff, das Absolute, das Göttliche sich ein, dem man Ungemessenes zutrauen und zumuthen kann. Die Vorstellung, daß der Staat ein außerhalb der Individuen vorhandenes Wesen mit übermenschlicher Intelligenz und Moral sei, hat sich bereits thatsächlich der Geister bemächtigt, und ganz in den Hintergrund tritt das Bewußtsein, daß auch in ihm schließlich nur einzelne bald zusammen, bald einzeln handelnde Menschen alles thun, alles leisten und alles sind. Vordem hatte ein falscher Idealismus sich mit der Kleinstaaterei abgefunden, weil er den Beruf des Staates zu eng faßte; jetzt treibt der Idealismus nach dem entgegengesetzten Extrem zu, indem er diesen Beruf zu weit ausdehnt. Je mehr man mit Recht Größe und Macht nach außen und innen für den Staat in Anspruch nimmt, desto vorsichtiger müssen die Grenzen seiner Gewalt gegenüber der Bewegungsfreiheit des Individuums gezogen werden, damit er es nicht erdrücke. Das patriarchalische Regiment entspricht dem Kleinstaate, und der Socialismus ist seinem Grundgedanken nach patriarchalischer Natur. Es gilt eben hier, die richtigen Grenzen aufzufinden, und diese werden jetzt zu Gunsten des Staats überschritten, wie das ehedem zu seinen Ungunsten geschah. Kaum haben wir unsere kosmopolitische Weltseele darangegeben, um uns mit realistischer Selbstbeschränkung dem „Racker von Staat“ in die Arme zu werfen, so machen wir aus dem Racker auch schon wieder ein geheimnißvolles Ideal. Hinter den Vorhang zu sehen ist bei Strafe verboten. Und je weniger der Staat es einem recht macht, gerade desto mehr erwartet er das Höchste von ihm, er prügelt ihn, wie der sicilianische Bauer seinen Heiligen, damit er Wunder thue. Sehr richtig sagt Herbert Spencer einmal, daß es heutzutage Mode sei (sogar in England also), in Einem Athem die Regierung wegen ihrer Ungeschicklichkeit in den kleinsten Dingen auszuschelten und die Lösung der größten Probleme von ihr zu verlangen. Wer doch den Menschen ein bischen Menschenverstand zurückgeben wollte, mittels dessen sie gewahr würden, daß die Staatsweisheit, wenn sie am höchsten steigt, gerade nur von Einzelnen gemacht wird, und daß sie an Feinheit verlieren muß in dem Maß, als Vielheiten zu ihrer Herstellung berufen werden. Tausendmal mehr Wahrheit ist noch in dem Heroencultus — den man doch abweist — als in dem Cultus des unfaßbaren Collectivwesens, dem man göttliche Ehren erweist, nur wo und weil man es nicht sieht. Fassen wir nur zwischen der Regierung, die noch an Menschliches erinnert, und dem abstracten Staat das Mittelglied, die Gesetzgebung, ins Auge. Die Parlamente sieht man noch an der Arbeit, man hört und kennt die einzelnen, so daran mitthun, und Gott weiß, wie man ihrer Unzulänglichkeit inne wird. Auch die Regierungen erscheinen in Fleisch und Bein wie die Parlamente, und Gott weiß, wie man sie zerzaust. Aber auf einmal sind Regierung und Parlament mit ihrer Arbeit fertig, der Vorhang fällt; zweiter Act: der Staat! Nun ist alles Göttlichkeit. Und zwar gerade da, wo es anfängt, erst recht menschlich zu werden, an der Ausführung, an der Verwaltung, in der es sich den untergeordnetern Werkzeugen anvertrauen muß. Sollte nicht auch im Cultus der Selbstverwaltung hier zu weit gegangen worden sein? Auch was diese Gutes und Berechtigtes an sich hat, ist sofort ins Uebermenschliche gesteigert worden, und seitdem die Selbstverwaltung als politisches Stichwort von allen Lippen wiedertönt, bedeutet sie nicht länger die Arbeit einer Menge einzelner Bürger, sondern eine mit höherer Fähigkeit begabte Potenz. Daher denn auch mehr als gut der Zweifel in den Hintergrund getreten ist, ob der Dilettantismus an jeder Stelle so wohl berufen sei wie die geschulte Thätigkeit des Fachmannes?

Merkwürdigerweise fällt dieser Drang nach Hingebung an das Collectivwesen gerade zusammen mit der Zeit der Enttäuschung über das Collectivwesen. Denn der Finanzjammer der letzten Jahre ist doch nichts als der Jammer über die Verluste, zu welchen die Actiengesellschaften geführt haben. Wenn die anonyme (namenlose) Gesellschaft so viele Köpfe berücken konnte, so verdankte sie es dem fatalen Zauber, den der Apparat des Collectivwesens ausübt. Ueberall wo der Mensch sich dem Auge des Menschen entzieht, wo an die Stelle des operirenden Individuums eine Vielheit tritt, unter deren Gesammtbenennung der Einzelne verschwindet, um mit andern zusammen als Theil eines Abstractums zu erscheinen, überall da verbreitet sich über die Persönlichkeiten ein Wolkenvorhang, welcher die Phantasie der Draußenstehenden in Bewegung bringt. Ja sogar nicht einmal nur der Draußenstehenden. Selbst die hinter dem Vorhang Mitarbeitenden werden von den Rauchwolken der Anonymität benebelt und glauben an sich als Theil des abstracten Ganzen viel mehr und anders, als sie an sich als Personen glauben würden.

Nichts ist mehr geeignet, die Beimischung trügerischer Elemente, welche in abstracten Autoritäten steckt, dem Verständniß nahe zu bringen, als die berühmte sechste Großmacht, die Presse. Wie viel besser stünde es um das andere Abstractum, die „öffentliche Meinung", wenn diese sich immer vergegenwärtigte, daß es ein Mensch (und oft welch einer!) ist, der hinter dem Gedruckten steht. Man hat einmal in der Welt versucht, diesen Nebel gewaltsam durch ein Gesetz zu zerreißen und die Menschheit zum Sehen zu nöthigen, dadurch, daß jeder Einzelne gezwungen werden sollte, das, was er drucken ließ, mit seinem individuellen Namen zu unterzeichnen (kurz nach 1848 in Frankreich). Aber es war vergebens! Der Versuch ging gegen die Natur der Dinge. Das Gesetz kam in seinem wahren Sinn nie zur Anwendung. Die öffentliche Meinung als Abstractum fühlt zu tief das Bedürfniß nach dem Umgang mit einem gleichgearteten Wesen, um das sie ergänzende Abstractum in Gestalt der anonymen Presse missen zu können. Die wahre Correctur für die Welt besteht nur in der allmählichen Erziehung des Verstandes, der sich gegen die optischen Täuschungen des anonymen Apparats mehr und mehr zu wahren lernen muß. Ganz lernt er es natürlich niemals. Aehnlich wie mit der Presse verhält es sich mit den anonymen Handelsgesellschaften. Alles Kopfzerbrechen hat noch keine Reformen im Actiengesetz auszudenken vermocht, welche im Stande wären, die persönliche Verantwortlichkeit des obersten Aufsichts- und Verwaltungscollegiums einer anonymen Gesellschaft zur moralischen Intensität des Individuums zu condensiren. Ein Stück Fiction wird und muß hier immer zurückbleiben. Wenn der Gesetzgeber sich die Aufgabe stellte, diese Fiction zur Wirklichkeit zu machen, so würde der Erfolg derselbe sein wie bei der Presse. Er würde Sitzverwaltungsräthe schaffen, wie er Sitzredacteure geschaffen hat. Gerade die Leute, deren Betheiligung am meisten wünschenswerth ist für die Ueberwachung einer Societät, werden sich am meisten hüten, für das Gebaren eines Collectivwesens, dem sie nur theilweise angehören, mit ihrer ganzen Person einzustehen. Wer die Praxis des Lebens kennt, weiß, daß alle Gliederungen und Vertretungen, welche man ausgedacht hat, um einen chemisch reinen Gesammtwillen darzustellen und in Thätigkeit zu bringen, nichts sind als Compromisse zwischen dem Gedanken und der Wirklichkeit. Gedacht und gemacht wird zuletzt doch nur vom einzelnen lebendigen Individuum, und je mehr die Gesammtheit zum Eingreifen und nicht blos zum Reflectiren genöthigt ist, desto unvermeidlicher ist, daß sie ihren Geist in die Hände des Einzelnen befehle. Wenn der Feldherr einen Kriegsrath aus seinen Generalen beruft, so stehen die Sachen schlecht; er sucht dann blos eine moralische Deckung für eine traurige Nothwendigkeit. Wenn der Director einer anonymen Gesellschaft wirklich einmal nicht weiß, was er thun soll, und seinen Verwaltungsrath versammelt, um von dem zu hören, was er thun solle, so steht es schlecht mit der Gesellschaft oder mit dem Director. Die besten Verwaltungen sind die, in welchen der Verwaltungsrath nur wenig mehr als eine hübsche Decoration ist. Die Gesellschaften sind die besten, welche am tyrannischsten dirigirt werden, und in denen der Director vor seinem Verwaltungsrath am wenigsten Respect hat. Tant vaut l'homme tant vaut la chose! Alle gesetzgeberischen Vorschriften, welche dem Actionär die Meinung beibringen sollen, daß seine Sicherheit in etwas Besserm ruhe als in den Händen der wirklich handelnden Directoren, alle Paragraphen, welche ihm Beruhigung einflößen sollen im Verlaß auf die Mitthätigkeit von berathenden Beisitzern und Aufsehern, sind nur angethan, ihn schädlichen Illusionen zu überliefern. Viel besser ist, er weiß, daß kein Concilium der Welt ihm die gleiche Sicherheit gewähren kann wie das eigene Thun. Will er aber einmal sein Interesse nicht selbst wahren, d. h. will er Actionär sein, so suche er sich womöglich den Andern zu beschauen, dem er sich anvertraut, und nicht die Andern. Der Actionär soll wissen, daß sein in die Masse eingeworfenes Interesse mit dem Eintritt in das Collectivwesen einen Theil seines Selbsterhaltungstriebs aufgibt. Die, welche nach gesetzlichen Apparaten verlangen, um die Gesetze der physischen und moralischen Welt zu überspringen, stiften nur Unfug. Die Herstellung einer anonymen Gesellschaft, welche das Volumen des Collectivums mit der Intensität des Individuums verbinden soll, gehört auch ins Laboratorium, bei welchem die homunculi bestellt werden. Die Industrie unserer Tage kann die anonyme Gesellschaft nicht entbehren, und soll sie nicht entbehren, aber die einzige Art, sie richtig zu gebrauchen, besteht darin, dies mit Bewußtsein der damit verbundenen Gefahren zu thun. Auch die explosiven Stoffe sind unentbehrlich, aber wer damit umgehen will, muß wissen, daß sie sich entladen können. Die Finanzgeschichte der Gründerzeit ist wesentlich die Geschichte der falschen Vorstellungen, welche das Publikum mit dem Societätsapparat verband. Der Nimbus der Anonymität erweckte einen thörichten Glauben an die Zauberkraft des Collectivwesens, und die Gefahren, die es in sich trägt, traten in den Hintergrund. Statt nach der Quadratur des Cirkels zu suchen, die in der absoluten Sicherheit des Gesellschaftsapparats liegen soll, mögen die

Menschen lernen, ihn nur da, wo er unentbehrlich ist, und mit der nöthigen Vorsicht zu gebrauchen. Darum war es eine höchst correcte Antwort, welche der Minister gab, als man ihm zumuthete, die Krankheit der Actienwirthschaft durch die Gesetzgebung zu curiren: „Gegen die Dummheit kämpfen die Götter selbst vergebens." Auch lassen sie es ruhig geschehen seit dem Rücktritt dieses Ministers, daß im Deutschen Reiche die Verheißung umgehe von einer „Steuer- und Wirthschaftsreform", welche jeden Mangel in Fülle verwandeln solle, und die Götter hören wol auch lächelnd zu, wenn allen Ernstes erzählt wird, der Kanzler sei entschlossen, den Wundermann zu suchen und zu finden, der diesen Reformplan in der Tasche führe.

Wenn der Staat auch etwas unendlich viel Höheres ist als die anonyme Gesellschaft, so theilt er doch mit ihr die Eigenheiten des Collectivwesens in vielen Aeußerungen seiner Lebensthätigkeit, und nicht am wenigsten darin, daß die Menschen an Fähigkeiten, an Weisheit und an Sittlichkeit hinter dem Schleier der unpersönlichen Collectivität, welcher ihnen die handelnden Individuen verbirgt, mehr suchen, als zu finden ist. Selbst wo der Staat mit der einfachen Mission des Unparteiischen dazwischentritt, sind die besten Gesetze gezwungen, dem ausführenden Individuum den besten Theil zu überantworten. Wir schwärmen jetzt für Fabrikinspectoren, und man kann sie gern einführen sehen, ohne gerade für sie zu schwärmen, aber die Wirkung der ganzen Einrichtung wird in jedem einzelnen Falle von neuem abhängen vom einzelnen Inspector. Wie schön hat seinerzeit der Reichskanzler über die Fehler gesprochen, welche der deutsche Beamte in Elsaß-Lothringen zu vermeiden habe!

aber viel mehr Unbekanntes noch als zwischen Bechers Rand und Lippe lauert zwischen Vorschrift und Ausübung! Je beweglicher die Dinge sind, mit denen der Staat sich befassen soll, desto unzulänglicher und gefährlicher wird seine Thätigkeit, weil die Gesetze nicht im voraus die Wege des Lebens abstecken können. „Ein Narr in seinem eigenen Hause ist klüger als ein Weiser im Hause eines Andern", sagen die Italiener. Auch der Staat verfällt der Narrheit, wenn er in die Häuser seiner Angehörigen dringt, um ihnen zu zeigen, wie sie sich ernähren sollen.

Die beiden überspannten Ansprüche, die an die Kategorie des Staats und die an die Kategorie des Lehrens, stehen begreiflicherweise untereinander in Wechselwirkung. Der Staat kann nur dann alles mittels seiner Beamten machen, wenn diese alles auf der Schule lernen können. Aber das Wissen ist nur ein Theil dessen, was zur Kunst des Lebens gehört, obwol man immer mehr den Glauben zu verbreiten bemüht ist, daß das Wissen das Ganze sei. Das ist so alt wie die Rede des Mephisto an den Schüler, und auch das trifft wunderbar ein, daß stets „die Neu'sten sich grenzenlos erdreusten". Kein Gebrechen ist in der menschlichen Gesellschaft zu unserer Zeit aufgetaucht, ohne daß der Vorschlag gekommen wäre, ihm abzuhelfen mittels irgendeiner staatlichen Correctur, zu welcher der Staat sich die Instrumente nur bei der Schule zu bestellen hätte. So nützlich die gewerblichen Fachschulen sind, so zweifelhaft ist es, ob die blos theoretische Fortbildungsschule so segensreiche Wirkungen hat, daß sie verdient, dem Lehrling aufgezwungen zu werden. Vereine, vom besten Willen beseelt, treiben alle möglichen und unmöglichen Apostel auf, um sie als „Predigende Reisende" in die kleinen Städte „zur Verbreitung von Volksbildung" hinauszuschicken, eine Aufgabe, der höchstens diejenigen einigermaßen gewachsen wären, welche nicht entfernt daran denken können, sich dazu herzugeben. Am schlimmsten hat die Confusion zwischen Wissen und Können auf dem eigentlichen Gebiete des Könnens, der Kunst, gewirkt. Daß man mit allen Abhandlungen der Welt über Aesthetik und Kunstgeschichte keine Künstler macht, und nicht einmal Kunstkritiker, ist eine einfache Wahrheit, doch bis auf diesen Tag noch lange nicht zur praktischen Geltung durchgedrungen. Noch immer hört man viel seltener sagen, wie ein Kunstwerk gemalt oder gemeißelt sei, als über die Idee urtheilen, die es darstelle. Nicht blos die Kunst, auch die Wissenschaft selbst seufzt unter dem Druck einseitiger Pflege des todten Wissens, namentlich sofern sie mit der Kunst verwandt ist. Das berühmte Quellenlesen reicht noch nicht einmal aus, gute Handlanger der Geschichtschreibung zu bilden, geschweige denn Historiker.

Das Publikum, welches so gern dem dunkeln Drange gehorcht, überall an ein Heilmittel zu glauben, wo es ein Uebel entdeckt, geht mit Vergnügen darauf ein, daß der Staat nur ein gelehrtes Amt zu organisiren habe, um Balsam in alle Wunden zu träufeln. So sind die maßlosen Zumuthungen an das Reichs-Gesundheitsamt selbst zur wahren Epidemie geworden. Man erwartet, daß es die unmöglichsten Probleme der Chemie löse und jeden Polizisten zu einer Unfehlbarkeit erziehe, von der die wahre Wissenschaft selbst nichts weiß. Nicht blos ein Reichs-Milchamt und ein Reichs-Bieramt sind vorgeschlagen worden, um alles Bier und alle Milch von Reichs wegen probiren zu lassen, sondern auch die Frage wurde ernstlich erwogen, ob man nicht das Bierbrauen zu einem Reichsgeschäft erheben solle, welches nur von der amtlich angestellten Brauhierarchie zu betreiben wäre.

Um an einem Beispiele zu zeigen, wie sehr die Kritik gegenüber diesen Anforderungen an die Weisheit und Sittlichkeit des Staats bereits stumpf geworden ist, möge es gestattet sein, hier ein wenig vom geraden Wege abzuschweifen. Es soll nur eine kleine Geschichte erzählt werden von einem kleinen Scherz, der vor einiger Zeit zur Probe auf jene Schwäche der Zeit angestellt wurde.

Unter den vielen Klagen, die im Reiche umgehen, ist die über die Mängel unserer Theater nicht die wenigst berechtigte. So konnte es auch hier nicht ausbleiben, daß das beliebte Mittel der Staatsintervention vorgeschlagen wurde. Die Theaterschule, d. h. der Declamationsunterricht, ist ein bewährtes Mittel zur Bildung guter Schauspieler. Es sind alte Praktiker, ausübende Künstler, welche diesen Unterricht zu ertheilen haben, denn er ist wesentlich technischer Art, und die Technik kann gelehrt werden. Dagegen brachte es die neueste Mode mit sich, daß bei uns der Staat aufgefordert ward, sich des Theaters als einer „sittlichen Anstalt“ mit allen seinen sittlichen Macht- und Erziehungsmitteln anzunehmen. Die officielle „Provinzial-Correspondenz“ selbst brachte eine dieser Tendenz dienende Erörterung. Das gab nun einem Schalk Anlaß zu einer schwerwandelnden Abhandlung unter dem feierlichen Titel: „Eine Stimme zur Hebung und Läuterung der deutschen Bühne.“ Er brachte diese — man weiß nicht wie — in eine der ansehnlichsten, ja man kann — wo es sich um Aufgaben literarischer Natur handelt — sagen, in die ansehnlichste deutsche Zeitung.*) In neun enggedruckten Spalten, welche durch zwei Nummern liefen, überließ sich nun unser Reformator dem ganzen Uebermuth seines Humors, um im größten Stil die Reform unserer Theater auf staatlich-akademischem Wege nach den allerneuesten Mustern zu empfehlen.

Verglichen zu dieser Satire auf den Aberwitz allvermögender Staatsgelehrsamkeit war der „Mann im Mond" nur ein schwacher Versuch schüchterner Ironie. Im Anhang gegenwärtiger Schrift findet der Leser den Aufsatz unverändert abgedruckt. Möge er dort alle Prachtstellen nachlesen, welche den bekannten feierlichen, auf den höchsten Stelzen einherwandelnden Stil in köstlichster Weise nachahmen und sich von „Stufe zu Stufe" in immer kecker werdenden Purzelbäumen überschlagen. Nichts kann belehrender sein, als sich deutlich zu machen, welche kurzweiligen Vorschläge zur Läuterung der deutschen Bühne auf social-politische Façon dem Publikum gemacht werden konnten, ohne daß es den Spuk ahnte. „Den Teufel spürt das Völkchen nie, und wenn er sie beim Kragen hätte." Nur wenige Pröbchen sollen hier in unsern Text eingereiht werden, damit der Leser sich auf der Stelle eine Idee von der Keckheit der Mystification mache.

Nach einer Einleitung über die Aufgabe der „sittlichen

---

*) Die Redaction des betreffenden Blattes begleitete den Aufsatz mit einer im Stile sanften Vorbehaltes geschriebenen Anmerkung. Inwieweit sie den Schalk bei der ganzen Sache witterte, kann ich nicht beurtheilen, da ich weder Verfasser noch Einsender jenes Aufsatzes bin, und meine Auffassung ihre Berechtigung einzig aus dem offenbar satirischen Ton der „Stimme" schöpft.

Zucht" und über die tief berechtigten Eigenthümlichkeiten der Hofbühnen kommt der Verfasser zu seinen besondern Vorschlägen über die Einrichtung der „dramatischen Hochschule". Zum Eingang läßt er sich folgendermaßen vernehmen:

„Indessen mit Errichtung einer solchen Hochschule ist es nicht gethan. Ganz abgesehen davon, daß es sich nicht darum handelt, tüchtigere und züchtigere Schauspieler heranzuziehen, daß vielmehr unsere bei weitem wichtigere Aufgabe in der gesündern, sittlich-reineren, zugleich idealeren und nationaleren Production besteht, so würde die Wirksamkeit einer beiden Zwecken, der Heranbildung sowol höher gearteter Schauspieler, als höher gearteter Dramatiker dienenden dramatischen Hochschule doch nur eine unzulängliche bleiben, wenn der Staat nicht zugleich die geeigneten gesetzlichen Bestimmungen theils coërcitiver, theils normativer Art über den Besuch und die Wirksamkeit der Hochschule und über die sittliche, künstlerische und wirthschaftliche Führung der Bühne erließe. Man bedenke, daß keine andere Klasse von Staatsbürgern so sehr dazu neigt, sich von persönlichem Dafürhalten und individueller Willkür fortziehen zu lassen, wie die Künstler; daß, während nicht nur der Militär und der Beamte, sondern auch der Mann der Wissenschaft sich leicht und gern, ja mit innerer Genugthuung der sittlichen Zucht seiner Nation fügt und den ihm durch die ethische Ordnung auferlegten Zwang in innere Freiheit verwandelt, der Künstler, und zumal der dramatische, immerfort Gefahr läuft, von seiner Phantasie und Sinnlichkeit auf Abwege verlockt zu werden. Da nun aber Leute von mäßiger Phantasie und Sinnlichkeit den Künstlerberuf nicht zu ergreifen pflegen, so muß von Staats wegen Fürsorge getroffen werden, daß die der Kunst sich widmenden Staatsgenossen, in welchen erfahrungsgemäß die Psyche sehr bedenklich nach dieser verhängnißvollen Seite neigt, nach Möglichkeit vor dem Fallen bewahrt bleiben."

Nach dieser vielverheißenden Introduction kommen nun die Vorschläge ins einzelne ausgeführt. Da wird gefordert, daß die Studirenden weiblichen Geschlechts nicht zu jung auf die Hochschule kommen und vorerst das Lehrerinexamen gemacht haben, damit nicht „leichtsinnige Personen aus frivolen Gründen sich der Bühne widmen". Neben „der Hochschule für darstellende Dramatik" wird eine für die „schaffende Dramatik" verlangt. Die theoretische und praktische Ausbildung der dramatischen Schriftsteller darf natürlich nicht „dem Zufall" überlassen bleiben. Der Staat muß ihnen beistehen, muß sie leiten, und dies geschieht durch eine „Schule für dramatische Production". Hier die Aufzählung der Fächer, welche der künftige Studiosus der Dichtkunst als Zwangscollegien zu hören hat: „Geschichte des Dramas; dramatische Alterthümer; dramatische Quellenkunde; dramatische Stofflehre; Theorie der dramatischen Erfindung und Composition; Technik des Dramas; Theorie des Geschmacks und der künstlerischen Intuition; Lehre vom Localton und von der Zeitfarbe."

Und nun zum Schluß nur noch — denn es ist schwer, der Versuchung zu widerstehen, wenn man einmal sich eingelassen hat, — den Lectionskatalog für die dritte Abtheilung der Hochschule, welche dazu bestimmt ist, für die Theorie und Praxis der Dramaturgie den Theaterdirectoren, Regisseuren und höhern Theaterverwaltungsbeamten die unentbehrliche akademische Vorbildung zu gewähren. Der Lehrplan dieser Abtheilung hätte zu umfassen:

„Encyklopädie der Schauspielkunde, Geschichte der Scenik, Bühnentopographie, Costümkunde, Geräthekunde, Technik der Inscenirung (Decorations-, Maschinen-, Beleuchtungs-, Lösch-, Ventilationswesen, Lehre von den Versatzstücken, dem Schnürboden rc.), ferner Theaterverwaltungspolitik, Theaterverwaltungsrecht, Theaterpolizeirecht, Theaterökonomik, Theaterstatistik. Während an der zweiten Abtheilung (für dramatische Erfindung) Professoren der historischen und philologischen Fächer eine ersprießliche Wirksamkeit entfalten werden, sind für diese dritte Abtheilung Vertreter der nationalökonomischen, juristischen und technischen Disciplinen zu berufen."

Und damit soll es genug sein! Man könnte vielleicht sagen, eine solche Erfahrung berechtige noch nicht zu allgemeinen Schlüssen auf das Urtheil des Publikums. Wenn wir aber hinzusetzen, daß die Ironie — soweit die Zeitungsliteratur zu verfolgen war, — an keiner Stelle geahnt wurde, daß eine Reihe von ernsthaften Besprechungen, theils beipflichtend, theils widerlegend, in die Oeffentlichkeit trat, daß in dem betreffenden Organ selbst eine respectvolle Polemik erschien, „In Sachen der Hebung und Läuterung der deutschen Bühne" überschrieben, welche dem „offenbar von der ehrenwerthesten Ansicht geleiteten Rufer" einschränkend antwortete, so liegen doch hiermit unzweideutige Symptome vor, wie verdummend auf die öffentliche Meinung der socialpolitische Jargon bereits gewirkt hat. Ja sogar der Vorschlag unsers Schalks, daß bis zur vollen Erstarkung und Concurrenzfähigkeit der deutschen dramatischen Production ein Reichsgesetz die ausländischen Theaterstücke von unsern Grenzen fern halte" (in einer Note mit dem Vorschlag zur Abstempelung der bereits zugelassenen fremden Stücke geziert), selbst ein so wild burlesker Antrag, welcher den innern Zusammenhang einer gewissen Sorte von Socialpolitik mit der Schutzzollpolitik geiselte, weckte die Gläubigen nicht auf, obwol die Redaction ihn mit (!!) versah und eine zweite Verwahrung unter dem Text beifügte.

Will man aber wissen, wie unser Eulenspiegel es anfing, seine Waare so unverfroren an den Mann zu bringen, so braucht man nur mit einiger Aufmerksamkeit den stilistischen Kunstgriff zu verfolgen, den er angewendet hat. Nichts einfacher auf der Welt. Man flechte in jeden Satz ein bis zweimal das Wort „sittlich“ und „ethisch“ ein, und das Stücklein ist vollbracht. So haben die bekannten Koryphäen der Gründerliteratur es auch gemacht, als sie, in den Mantel ihrer Tugend drapirt, Wechsel auf die Skandalsucht zogen.

Bisjetzt hat unsere Wissenschaft glücklicherweise noch nicht den förmlichen Anspruch erhoben, allein entscheiden zu wollen, was sittlich sei und was nicht, allein die Menschen zur Sittlichkeit erziehen zu können; sie läßt es noch gelten, daß die Vorstellung von gut und bös, der Sinn für Recht und Unrecht aus der ganzen Tiefe und Breite der Cultur herauswachsen. Aber manchmal klingt's doch so durch, als schwebe dem einen oder dem andern der Verkünder der Gedanke vor, er könne auch hier erfindend eingreifen. Mit solchem Anspruch verglichen, ist es allerdings nur ein bescheidenes Vorgehen, wenn die Gelehrsamkeit den sachlichen Inhalt ihres jeweiligen Urkundenstudiums so gern als allgemeinen Maßstab der Dinge aufdrängt. Das ist menschlich, darum sehr verbreitet; aber unbedenklich ist es auch nicht. Zumal in Verbindung mit dem Gedanken, den man sonderbarerweise jetzt so oft als eine unbestreitbare Wahrheit in den Schriften ausgesprochen findet, daß die Akademiker verpflichtet seien, „ihre Vorschläge“ für die Gesetzgebung zu machen. Da fügt es sich denn gar zu leicht, daß uns praktische Vorschläge gemacht werden, welche viel mehr nach dem Ebenbild der Studien als nach dem Bedürfniß des Lebens zugeschnitten sind. Der Gelehrte mag es anstellen wie er wolle, auf dem Felde dieser Wissenschaften wird er nothgedrungen immer vorzugsweise mit historischen Hülfsmitteln arbeiten, seien sie nun der rückwärts liegenden Geschichte des eigenen Landes oder der seitwärts liegenden des Auslandes entnommen. Wenn eine Doctrin das thut und sich deshalb historisch nennen will, so ist nichts dagegen einzuwenden. Aber sie hüte sich, die Früchte ihrer Forschung mit der dem eifrigen Studium so natürlichen Liebhaberei zu verwerthen, indem sie darangeht, „Vorschläge“ auszuarbeiten. Das Studium der Handwerksverfassung älterer Zeiten hat offenbar bei einer Reihe gelehrter Vorschläge mehr, als gut war, den Blick getrübt für die unüberbrückbare Kluft, welche die Gegenwart sowol von der Zunftwelt des 14. und 15., als von der monarchischen Gewerbezüchtung des 17. und 18. Jahrhunderts trennt. Das vielbeliebte Studium der englischen Blaubücher hat die Bilder des englischen Lebens — bald richtig, bald falsch — so fest in die Netzhaut der Theoretiker eingezeichnet, daß sie unsere eigenen Zustände auf manchen Gebieten durch die aufgenommenen Eindrücke hindurch wie durch eine gefärbte Brille sehen. Auf diese Weise sind wir bereits in politischen Veranstaltungen zu Anfängen gelangt, über deren Nützlichkeit die Zukunft entscheiden mag. Auf socialem Gebiet sind uns ebenso die Gewerkvereine zugeführt worden als eine trockene Nachbildung der Trades-Unions, aber fern von den thatsächlichen Voraussetzungen, die denselben zu Grunde liegen. Und nicht nur, daß künstliche und dadurch schädliche Gebilde auf diesen Voraussetzungen entstehen: die Begeisterung für die Acten des Lieblingsstudiums widersteht auch schwer der Versuchung, uns die empfohlenen Vorbilder selbst im falschen, zu günstigen Lichte zu zeigen. Wie lange lesen wir schon, daß die englischen Arbeitercoalitionen England vom Elend der Arbeiterconflicte befreit haben, während doch heute wie ehemals die Klagen über die namenlose Verheerung, die aus diesen Conflicten erwächst, stets von neuem zu uns herübertönen.

Was hilft es uns, daß man von der rationalistischen Methode zur sogenannten historischen übergegangen zu sein behauptet! Im Gegentheil, die Gefahr ist nur größer. Denn der Standpunkt der sogenannten kahlen Reflexion ermöglicht noch eher einen weit umfassenden und unbefangenen Blick als der Standpunkt der Vertiefung in ein abseits liegendes Archiv. Aber die Furchtlosigkeit, mit welcher das Studium die Früchte seines Fleißes in die Praxis zu übertragen verlangt und welche zur Charakteristik des ganzen Vorgehens gehört, macht sich noch viel mehr bemerkbar da, wo nicht aus dem historischen Actenmaterial, sondern aus der vorübergehenden Erscheinung der heimischen Gegenwart ewige Grundsätze destillirt werden. Das curioseste Beispiel dieses Verfahrens wird wol auf lange Zeit hinaus die Lehre von der Abschaffung des städtischen Grundeigenthums bleiben. Nur mit Mühe besinnen wir uns heute auf die Physiognomie der „Wohnungsnoth“ zurück. Wo sind die Zeiten hin, da alles in die großen Städte strömte, und deren Bewohner über unbeschränktes Einkommen zu verfügen wähnten! da überall Häuser eingerissen und Paläste aufgebaut und die Steinträger mit fünf Thalern für den Tag bezahlt wurden? Damit diese Bilder nicht aus dem Gedächtniß der Menschen verschwinden, hat die „Wissenschaft“ sie in ihren Tractaten verewigt. Auf die Miethssteigerung jener Tage, auf die Unduldsamkeit der Hauseigenthümer, welche weder Kinder, noch Hunde, noch Pianos dulden wollten, auf die Ungerechtigkeit des Gewinns, welchen die seitdem längst ruinirten Speculanten im raschen Umsatz der Grundstücke ergatterten, ist die Theorie aufgebaut worden: daß, um einen kleinen Anfang mit der socialen Läuterung zu machen, das unbewegliche Privateigenthum in den Städten vom Staat eingezogen werden müsse. Danach bliebe in Zukunft dem Städter nichts mehr übrig, als sich von einem Wohnungsamt die räumlichen Grenzen seines Daseins anweisen zu lassen. Solche Scherze sind als bitterer Ernst in den Compendien niedergelegt, werden der akademischen Jugend als Elemente der Nationalökonomie vor- und von ihr schwarz auf weiß getrost nach Hause getragen. Diese Extravaganzen hätten weniger zu sagen, wenn sie nur, absonderlich formulirt, in den Hörsälen und Handbüchern umgingen. Aber aus der Gesammtheit der Formeln bildet sich ein Niederschlag allgemeiner Ideen über die gebieterische Nothwendigkeit einer nagelneuen Gesellschaftsordnung, und diese bleibt als allgemeines Postulat in den Köpfen sitzen, sich dahin zusammenfassend: daß Wohl und Wehe auf Erden nach dem Maßstab von Gleichheit und Verdienst vertheilt werden können und müssen, daß dieses Wohl und Wehe von dem Antheil am Besitz abhänge, und daß die Aufgabe, den richtigen Maßstab für Gleichheit und Verdienst zu finden, sowie das richtige Verfahren, um das Uhrwerk der Gerechtigkeit im gleichmäßigen Tictac zu erhalten, von selbst dem Staat anheimfalle. Man begegnet auf Schritt und Tritt dem Ausdruck, daß der Antheil am Lebensgenuß nach dem „Verdienst“ regulirt werden müsse; dieses Verdienst ist natürlich das innere, das sittliche, welches dem Einzelnen nach dem Maßstab seiner innern Qualitäten zuzuerkennen ist; und ohne viel Mühe stehen wir mitten in einer Vorstellung vom Staat und von der Gesellschaft, welche die incommensurabelsten aller Größen, die Beschaffenheit des Gemüthes und des Verstandes, dazu auch noch die subjectivsten aller Empfindungen, die von Glück und Unglück, unter das mechanische Meßinstrument eines äußerlichen Apparats bringt und mit mechanischen Werkzeugen auszutheilen unternimmt. Der Schulmeister, welcher die Schlachten gewonnen hat, schwingt sich damit zu dem Ideal auf, daß die ganze Menschheit auf Bänken nebeneinander gesetzt und jedem einzelnen nach der Censur seines Pensums sein Platz angewiesen werde. Man hat gesagt: der socialistische Staat würde eine Kaserne sein; das war ein Irrthum, er würde ein großes Pensionat und Schulhaus sein. Nicht dem Gehirn eines Offiziers ist dieser wüste Traum entsprungen, sondern dem Gehirn eines Präceptors.

V.

Die Wissenschaft steht hoch erhaben über jeder Anerkennung. Sie ist nicht alles in allem, aber sie ist ein guter Theil davon. Zum Ganzen der „höchsten Kraft" gehört auch die Vernunft. Ihr gebührt sogar der Vortritt. Niemand kann die Wissenschaft meistern über das, was sie für wahr und für falsch halten soll, aber die Vernunft hat sich die Frage zu beantworten: wo das Reich der Wissenschaft anfängt und wo es aufhört? Und wenn diese, weil sie Geschichte studirt, auch sich berufen fühlt, Geschichte zu fabriciren, weil sie Entwickelungen beobachtet, sich verpflichtet glaubt, Entwickelungspläne für die Zukunft auszuarbeiten, wenn die Wissenschaft als solche ihre Verkünder hinaussendet in die agitatorischen Versammlungen und hinter die Coulissen der Steuerpragmatik, so ist sie eben keine Wissenschaft mehr.

In einem Lande, das mehr als alle andern von der „Milch des Geistes" lebt, hätte die Pest des socialistischen Unsinns nicht so verheerend, wie es gekommen, sich ausbreiten können, wenn ihm der Krankheitsstoff nicht auch mit dieser

Milch des Geistes eingeflößt worden wäre. Ohne die hohe Verwandtschaft der akademischen Socialistik wäre die geringere Sippe desselben Geschlechtes schwerlich zu dem Grad von Ansehen und Macht gelangt, deren sie sich erfreut. Es ist auch keine Kleinigkeit für eine Gedankenrichtung, daß ihr die Autorität und der Geistes- und Gelehrsamkeitsapparat höchster Instanz zur Verfügung stehen. Wenn die Dinge einige Jahre länger den Verlauf genommen hätten, zu dem sie im Anfang dieses Jahrzehnts angesetzt hatten, so wäre der volkswirthschaftliche Unterricht auf unsern Hochschulen sehr schnell die schiefe Ebene hinabgerollt, an deren äußerstem Rand wir jetzt nur einige ihrer Gelehrten angelangt sehen. Diese nehmen allerdings eine Ausnahmestellung unter ihren Collegen ein, während die meisten derselben redlich bemüht sind, die Fühlung mit der Socialdemokratie wieder zu verlieren und auf friedfertigen Fuß zu der Volkswirthschaft alten Stils zurückzukehren. Aber der Schade, der einmal gestiftet war, hat deswegen doch ins Unberechenbare weiter gewirkt, und die Grundauffassungen sind wesentlich dieselben geblieben, wenn auch die Consequenzen weit vorsichtiger gezogen werden.

Eine Kritik wie die hier gegen die akademische Praxis ausgesprochene muß sich oft gefallen lassen, als ein Angriff auf die Freiheit der akademischen Lehre tractirt zu werden. Aber diese Anklage ist unbegründet und wird nur misbräuchlich insonderheit von solchen Docenten vorgebracht, die gern zu allen andern Vortheilen ihrer Stellung auch noch den des Märtyrerthums sich verschaffen möchten. Die Methode oder den Inhalt einer Lehre angreifen, heißt nicht ihre Freiheit antasten. Zwar eine Schule, welche für den Staat die Allweisheit und Allsittlichkeit in Anspruch nimmt, die

Fähigkeit, alles zu wissen und alles zu ordnen, Glück und Verdienst abzuwägen und auszutheilen, eine solche Schule hätte von Rechts wegen gar keinen Grund sich zu beklagen, wenn der Staat ersucht würde, ihr vorzuschreiben, was sie lehren solle und was nicht. Soll einmal die Willkür des Subjects und die freie Concurrenz aus der Welt verbannt werden, so ist gar nicht abzusehen, warum die Wissenschaft allein von der allmächtigen Leitung des Staats emancipirt sein müßte. Aber solange das Manchesterthum ein Wort mit zu reden hat, mag die Wissenschaft ruhig sein. Es denkt nicht entfernt daran, die Hand an die Krone ihrer Souveränetät zu legen. Denn wie es glaubt, daß der Mensch in der eigenen Haut besser zu denken und zu handeln versteht denn der Mensch als Staat verkleidet, so glaubt es auch, daß der Mensch der Wissenschaft eher in seinem eigenen Kopf das Richtige findet, als wenn ein anderer oder ein Dutzend anderer Menschen ihm dictiren, was und wie er denken soll. Selbst der Umstand, daß der Staat Professoren bezahlt, macht den Staat nicht geschickter, ihnen vorzuschreiben, was sie denken und lehren sollen. Von der Seite des Manchesterthums sind derartige Angriffe nicht zu gewärtigen. Dagegen ist es allerdings einmal einem schutzzöllnerischen Handelsrath (im Jahre 1850 in Frankreich) passirt, bei der Regierung zu beantragen, daß sie der Post verbiete, freihändlerische Blätter zu transportiren, und daß sie an der Universität keine andern als protectionistisch gesinnte Professoren anstelle. Und wenn heute die Lehrstühle der Medicin Marpinger Wasser und Eau de Lourdes in die materia medica aufnähmen, würden wir Manchestermänner so wenig dagegen mit Maßregeln zur Beschränkung der Lehrfreiheit einzuschreiten rathen, wie wir es gegen die Wissenschaft von der Expropriation des städtischen Grundeigenthums oder der planmäßigen Production für erlaubt halten. Wenn die Wissenschaft wirklich die Kraft verloren hätte, sich auf den rechten Weg zurückzufinden, so wäre doch weder ihr noch der Nation zu helfen. Nur das hat der Staat zu thun, daß er sich auf seinem Gebiete wahre, und wenn die Wissenschaft auf Abenteuer ausgeht, muß er dafür sorgen, daß sie ihm nicht ins Gehege komme oder gar ihn mit sich fortreiße. Der Staat, oder, um nicht abstract zu reden, die Männer der praktischen Regierung und Gesetzgebung, welche keinen Socialismus machen wollen, sollten daher wenigstens nicht ignoriren, woher es kommt, daß die socialistischen Elemente unter ihren Händen stets an Ausbreitung gewinnen. Es macht sich in der That ganz eigenthümlich für den, welcher die Dinge und Menschen in der Nähe sieht, wenn die Minister in die Parlamente kommen, um gegen die Verbreitung socialistischer Ansichten zu donnern, während die Räume ihrer Ministerien sich allmählich mit jüngern Beamten füllen, welche den Socialismus mit der Muttermilch der Hochschule eingesogen haben und sich für verpflichtet halten, soweit es von ihrer Stelle aus möglich ist, kleine socialistische Experimente anstellen zu helfen. Bereits verliert sich der Jargon der socialdemokratischen Schriften hier und da in die officielle Actensprache hinein. Die fremden Regierungen haben sicherlich große Augen gemacht, als sie in einem an sie gerichteten Rundschreiben unsers Reichs-Patentamtes die Schlagworte der „Ausbeutung“ und des „Egoismus“ lasen, denen sie sonst nur in den Proclamationen der Internationalen begegnen. Ein deutscher Minister hat versichert, daß er in den Entwürfen seiner jüngern Räthe fortwährend Excurse in diese Regionen auszumerzen habe.*)

Ganz anders noch als die junge Beamtenwelt ist natürlich die Journalistik mit socialistischen Mitarbeitern besetzt. Die officiellen Organe, welche der Gothaer Congreß als in seinem Dienste arbeitend aufführt, sind eigentlich nur ein schwaches Hülfscorps zu der Hauptmacht, welche in der bürgerlichen Presse für die Socialdemokratie arbeitet. Es gibt kaum ein großes, angesehenes, liberales oder conservatives Blatt in Deutschland, in welches man nicht mit guter Manier einen Artikel von grundsätzlich socialdemokratischer Tendenz einschwärzen könnte. Wer die Journalistenwelt kennt, in welcher, neben den Besten und Rechtschaffensten, auch ein großes Stück Halbwelt sein Unterkommen findet, kann sich das Phänomen erklären. Wen es wundern sollte, in conservativen Blättern aller Schattirung so oft socialistische Sympathien zu finden, der sehe sich nur im Personal der Redactionen um. Wie mancher, der mit der Ordnung der bürgerlichen Welt schmollt, wenn er nicht gar mit ihr auf gespanntem Fuß lebt, hat sich da anwerben lassen! Der verstorbene Begründer der officiösen „Norddeutschen Allgemeinen Zeitung“ war aus denselben Reihen hervorgegangen wie die Führer unsers Klassenkampfes, und die alte Liebe war sicherlich niemals ganz rostig geworden. Falsche Bieder-

---

*) In den Motiven des soeben dem Reichstage vorgelegten Gesetzes über den Verkehr mit Nahrungsmitteln ist als ein kaum „zu entschuldigendes“ Skandalosum ausgerechnet, daß die Milchzwischenhändler hundert Procent verdienen. Man sollte den gelehrten Verfasser verurtheilen, ein Jahr lang Milchhändler zu werden.

männer gibt es überall, und besonders leicht wird ihnen der Weg in die Presse. Und in ihr fühlen sie sich am meisten angezogen durch die Herrschaft der socialen Phrase. Die erfolgreichen Speculationen mit Skandalschriften, die sich in das Gewand der Sittenreformation hüllten, beweisen allerdings so wenig gegen die Socialistik, wie es gegen die Religion beweist, wenn die Schelme mit Ostentation die Kirche besuchen. Aber es ist immer ein vielsagendes Warnungszeichen, wenn die Schelme sich mit Vorliebe auf eine bestimmte Art von Gesinnung werfen. Die meiste Schuld trägt hier, wie in allem, natürlich das Publikum, das sich mit wonniglichem Behagen dem Kitzel pathetischer oder vehementer Reden hingibt. Wir haben Zeitungen, deren Eigenthümer, Lesewelt und Leistungen wesentlich in kapitalistischem Boden wurzeln, deren Redacteure aber sich den Spaß machen, ihre Verehrung für die Partei Bebel=Liebknecht zur Schau zu tragen. Derselbe Leser, der erblassen würde, wenn er auf der Rückseite einen plötzlichen Cursrückgang von einigen Procenten entdeckte, läßt sich auf der ersten Seite den Leitartikel, welcher den Tag der Rache für das Proletariat verkündet, vortrefflich munden.

Solche Leser rechnen im stillen — klar bewußt oder nicht — auf den Schutz der bewaffneten Macht für den Fall, daß die Propaganda, welche sie bezahlen und welche sie amüsirt, einmal Ernst machen sollte. Doch hindert sie das natürlich auch wieder nicht, gegen den „Militarismus“ zu Felde zu ziehen. Daß die Pflege der socialdemokratischen Tendenzen auf der einen Seite der Pflege des Militarismus auf der andern Seite in die Hände arbeitet, ist gewiß. Der Gedanke liegt so nahe, daß die starke und streng disciplinirte

Waffengewalt noch für den innern Krieg unentbehrlich bleiben würde, selbst wenn die Gefahr vor dem äußern beseitigt wäre! Aber selbst dieses Beruhigungsmittel, wenn es eins ist — und jedenfalls ist es das traurigste von allen — selbst dieses Beruhigungsmittel ist nicht so unbedingt zuverlässiger Art, wie gemeinhin angenommen wird.

Freilich, solange der ruhige Gang der Weltgeschichte seinen regelrechten Verlauf nimmt, wird Deutschland eine innere Auflösung seiner Heereseinrichtung durch socialistische Agitation nicht zu fürchten haben. Man kann für das Sicherheitsbedürfniß auch sich Trost holen bei dem Sinn der Landbewohner, die ihrer ökonomischen Verfassung gemäß die natürlichen Gegner der socialistischen Lehren sind. Doch wer will sagen, was einer systematisch betriebenen, reißend fortschreitenden und von so vielen constituirten und nicht constituirten Gewalten begünstigten Ideenverbreitung schließlich gelingen möchte? Die berufsmäßige Socialdemokratie, welche in der Werkstätte und der Volksversammlung angefangen hat, ist von da — mächtiger als irgendwo — in unser Parlament vorgerückt. Neuerdings hat sie einen Schritt weiter gethan, sie dringt in die städtischen Verwaltungen ein. Mit dem Leichtsinne, der ihrer Hülflosigkeit entspricht, haben einige kleinstaatliche Gesetzgebungen Gemeindeverfassungen gemacht, welche dieses Eindringen erleichtern. In Würtemberg, in Sachsen, in Hessen, in Holstein sind die Socialdemokraten in die städtischen Verwaltungen eingetreten, in einzelnen Orten haben sie bereits die Mehrheit; in der würtembergischen Stadt Eßlingen wurde ein Socialdemokrat zum Bürgermeister gewählt, der nur an der Bestätigung der Regierung scheiterte. Aus Holstein meldet man, daß auch bei den kirchlichen Wahlen die socialdemokratische Partei sich betheiligt und Siege feiert. Die Zahl der socialistisch gesinnten Studenten wird nach Berichten aus einer Reihe von Universitäten als sehr beträchtlich geschildert, und man müßte in der That sich wundern, wenn dem nicht so wäre; das Landvolk selbst hat sich in Schleswig-Holstein und Sachsen bereits in den Kreis der Propaganda ziehen lassen.

Dies alles, — soweit es auch gekommen — kann noch viel weiter gehen, ohne daß das äußere Ansehen, das Leben auf der Oberfläche thatsächlich verändert erscheine, und der Gedanke, daß das Leben von Grund aus mit einer ernsten Zersetzung bedroht sei, wird als eine Ausgeburt blassen Schreckens, als das „rothe Gespenst“ nur ungläubiges Lächeln hervorrufen. Aber man fasse die Eventualität einer großen Katastrophe ins Auge und suche sich vorzustellen, wie unter dem Hereinbrechen eines unheilvollen Sturmes alle die zahllosen im Schose der Gesammtheit vertheilten Elemente groß werden, sich zusammenfinden, eins nach dem andern mit sich fortreißen und sich verheerend über alles dahinstürzen mögen. Das ist ja der naive Irrthum aller derer, die dem Socialismus ein Stück Weges entgegenkommen, daß sie sich und andern sagen: „So müssen wir es anfangen, um der Gefahr des socialistischen Weltbrandes zu entgehen.“ Das klingt sehr hübsch plausibel, solange die Welt im ruhigen Gleise dahinrollt. Aber sobald das Unglück und die Verwirrung hereinbrechen, gehört der ganze Vorrath von zahmen und wilden Ideen dem äußersten Extrem. Dann liefern Christlichsociale und Socialpolitische, Steuerreformer und Wirthschaftsreformer bunt durcheinander ihre Zöglinge an das Gros des wilden Heeres ab, und von den Führern selbst wird der eine durch Ehrgeiz, der andere durch das Gefühl seiner Verantwortlichkeit mitgerissen.

Drängt doch schon in den Zeiten der Ruhe die Entwickelung dieser Ansätze immer von selbst auch dem theoretischen Extrem zu. Ist nur einmal die erste Voraussetzung eingeräumt, daß der Staat die sociale Organisation zu schaffen und mit ihr für das individuelle Glück durch materielle Zuwendungen zu sorgen habe, so stellt sich eine Consequenz nach der andern von selbst gebieterisch ein. Lange Zeit war die deutsche Socialdemokratie in zwei Lager gespalten, wovon das eine, das der Lassalleaner, nur Staatssubventionen verlangte und das Recht der Nationalität anerkannte. Vor zwei Jahren kam die Einigung zu Stande, und das Resultat war, daß die Internationale und der Communismus vollständig siegten und die gemäßigtere Schattirung in sich aufsogen. Das officielle Programm von Gotha spitzt sich in dem Schluß seines Artikels 1 zu dem Satze zu: „Die Befreiung der Arbeit muß das Werk der Arbeiterklasse sein, der gegenüber alle andern Klassen nur eine reactionäre Masse sind.“

Das ist die vor dreißig Jahren von Marx ausgegebene Parole, welche in langsamen Windungen zum Glaubensbekenntniß der gesammten socialistischen Organisation aufstieg. Die „Brüderschaft der Locomotivführer“, welche im vorigen Jahre die Kerntruppe des furchtbaren amerikanischen Eisenbahnaufstandes gebildet hat, begann im Jahre 1863 als eine Gesellschaft zu gegenseitiger Unterstützung in Krankheitsfällen und zur Verbreitung der Mäßigkeit im Genuß geistiger Getränke.

Dieser amerikanische Aufstand selbst eignet sich in seiner

Art noch mehr als die pariser Commune zum Studium für die, welche sich Rechenschaft geben wollen, wie lange das Feuer ganz im stillen glimmen und wie urplötzlich mit unwiderstehlicher Gewalt es zum Ausbruch kommen kann. Unsere deutschen Leser haben beinahe nur die eine, harmlose Seite der Sache zu sehen bekommen. Getreu ihren sanften Gefühlen für den Socialismus haben viele deutsche Zeitungen in den Zerstörungen und Brandstiftungen von Chicago, Cincinnati, Reading, Pittsburg, Columbus, Baltimore, Martinsburg nur Stoff zur Beleuchtung des amerikanischen Actienunwesens gefunden. Nur wo und wie die Compagnien und Directoren gesündigt hatten, wurde besprochen, und die gräßlichen Verwüstungen, welche ein Drittel der Union mit Schrecken überzogen, wurden meist dargestellt, als seien sie blos Ausschreitungen der Finanzwirthschaft zuzuschreiben. Ganz in dem Hintergrund blieb die Wahrheit, daß die seit Jahren betriebene Propaganda die Masse der Arbeiter angeworben und eine über das ganze Land gesponnene Verschwörung großgezogen hatte, deren Ausbruch auf Tag und Stunde vorausberechnet und voraus angeordnet war, und zwar mit solch infernaler Kunst, daß man sicher sein konnte, den ganzen Mechanismus des wirthschaftlichen Verkehrs am sichersten ins Herz zu treffen und darum widerstandslos niederzuwerfen. Die Epoche, in welcher die westlichen Gebiete der Union ihre massenhaften Naturproducte nach den östlichen Häfen zu entsenden und von diesen wieder die Geldmittel zur Flüssigmachung ihrer Geschäfte zu empfangen haben, ward als der geeignete Moment zur allgemeinen Unterbrechung des Verkehrs ausgewählt. Auf einen vorausbestimmten Glockenschlag sollten sämmtliche Eisenbahnzüge stillstehen und nicht eher wieder in Bewegung kommen, bis die sämmtlichen Arbeiter eine Lohnbedingung durchgesetzt hätten, welche im Princip darauf hinauslief, daß die Industrie die Verpflichtung habe, auch in Zeiten, in denen sie wenig erübrigt, den Arbeiter gerade so zu bezahlen wie in den Zeiten des üppigsten Gewinns, ein Princip, welches auch in den Schriften der Christlichsocialen beider Confessionen bei uns verkündet wird.

Die Greuel der Verheerung und Verwilderung, welche im Juli 1877 die Union von den Küsten des Atlantischen Oceans bis nach den Ufern des Missouri mit Blut und Feuer überdeckten, zu schildern, ist hier nicht der Ort. Hunderte von Millionen Dollars an nützlichen Werthen, an Gebäuden, Waaren, Lebensmitteln, Locomotiven und Wagen wurden vernichtet. Das war der Vortheil, welchen die „Volkswirthschaft" aus der Bewegung zog. Als nach der Rettung und der Erholung vom Schrecken die Bevölkerung wieder zu sich kam, fragte sie sich, wie es möglich gewesen, daß sie auf diese plötzliche Weise von einem Ungeheuer überfallen werden konnte, dessen Existenz sie vorher nicht geahnt hatte? Und doch war vier Jahre vorher am zweiten Weihnachtstage 1874 schon ein gleicher Versuch in kleinerm Stil gemacht worden. Am besagten Tage mit dem Glockenschlage zwölf waren die Führer von allen Locomotiven herabgestiegen, welche die Züge zwischen den Staaten Ohio, Indiana, Illinois, Kentucky, Missouri beförderten, hatten Wagen und Passagiere im freien Felde sich überlassen und den Dienst verweigert, bis ihren Forderungen Genüge geschehen wäre. Es war dieselbe gute „Brüderschaft", welche den Streich einstudirt hatte. Doch in dem Treiben jenes wildbewegten

Landes war auch dieses starke Warnungszeichen bald wieder vergessen.*)

Die Erlebnisse des Sommers 1877 waren schon eher dazu angethan, selbst eine amerikanische Bevölkerung zum Nachdenken anzuregen. Hunderte von Menschen wurden getödtet, Hunderte von Millionen zerstört, und doch war es nur ein Zufall, beinahe ein Wunder, daß nicht viel Schlimmeres geschah. Ohne ein Umschlagen des Windes wäre die Stadt Pittsburg, von 90000 Seelen bewohnt, abgebrannt; an einer einzigen Stelle gingen allein 45 Locomotiven im Feuer auf. Solche Ereignisse zwingen dann zum nähern Einblick in die Ursachen, aus denen sie entstanden sind. „Vor Monatsfrist", sagte eine neuyorker Zeitung, „wußten Millionen Amerikaner noch nicht, was ein Gewerkverein ist. Jetzt wissen sie's." Auch daß nicht halb Paris abbrannte, erscheint wie ein Wunder, wenn man liest, wie hülflos die Stadt einem systematischen Zerstörungsplan überliefert war.

Müssen die Völker jede Erfahrung erst an sich selbst machen? Lernt der Mensch aus fremdem Unglück gar nichts? Allerdings lernt er kaum aus dem eigenen.

Unsägliches Elend haben die Ausbrüche falscher, lange in den Köpfen genährter Wahngebilde über die Angreifer sowol als über die Angegriffenen gebracht. Die, welche ihr Schicksal damit zu verbessern dachten, haben sich und ihren Nächsten

---

*) Haben wir doch in dem nämlichen Jahre einen Versuch der Art, wenn auch nur improvisirt, in Frankfurt a. M. erlebt, der — lediglich auf den Waarentransport treffend, weil er nur von den „Rangirern" ausging — immerhin auf Wochen lang die Waarenzüge durch ganz Deutschland in Verwirrung brachte.

noch weher gethan als denen, gegen die ihr Haß jahrelang geschürt worden war. Das einzige wahre und dauerhafte Mittel, die Lebensbedingungen der arbeitenden Bevölkerungen zu vervollkommen, ist die friedliche und freie Bewegung, deren Fortgang von selbst zur Erkenntniß führt, daß das Gedeihen jedes Theils auf dem Gedeihen aller andern beruht. Nicht Hartherzigkeit gegen die Noth der Schwachen dictirt den Grundsatz, daß keine Staatsweisheit von oben herab das Los der Einzelnen aus der Wagschale der Gerechtigkeit austheilen könne, sondern Einsicht in die Natur des Menschen und seiner Gesittung. Sie lehrt, daß Zuwachs an freier Bewegung, an Kenntnissen, an Fleiß und an Gütern in untrennbarer Wechselwirkung stehen und immer mehr allen Mitgliedern der Gesellschaft zugute kommen. Es ist nicht wahr, daß der Procentsatz der Armen und Unglücklichen größer ist als ehedem, nicht wahr, daß der Gegensatz zwischen arm und reich schroffer, nicht wahr, daß der Schwache mehr in die Hand des Starken gegeben sei. Nur die größere Annäherung zwischen allen Schichten der Bevölkerung hat dazu aufgefordert, das, was sie scheidet, ins Auge zu fassen und als unleidlich anzufechten. Der Gedanke einer mechanischen Ausgleichung aller Schicksale, welcher nicht blos der ganzen Natur aller Dinge Hohn spricht, sondern auch von einer absolut falschen Werthung dessen ausgeht, was menschliches Glück und Unglück ist, enthält das Nonplusultra der Thorheit, welches auf dem Wege nach seiner Verwirklichung zu nichts gelangen kann als zur Störung aller gesunden freien Thätigkeit der einzelnen und der Gesammtheit, daher auch alle rückläufigen Instincte sich vom Socialismus angezogen fühlen. Die socialistischen Anstrengungen haben allerdings nicht ganz einseitig Schaden gestiftet, weil es keine absoluten Wahrheiten gibt und jeder Widerspruch auch in seiner Art Dienste leistet. Sie haben dazu geführt und werden ferner dazu führen, die Gesammtheit und die Einzelnen in ihrem Verhalten auf den Zusammenhang zwischen wahrem Interesse und wahrer Humanität immer mehr hinzuweisen. Noch wichtiger, als die Triebfeder der Interessen in Bewegung zu setzen, ist es, die Augen auf wahre Misstände zu lenken, denn was man auch sage, nie hat eine Zeit mehr Empfindlichkeit besessen für jedes Leiden und mehr Bedürfniß nach Gerechtigkeit gefühlt als die unsere!

Anhang

aus der Beilage zur „Allgemeinen Zeitung",

Nr. 263 und 264 vom 19. und 20. September 1876. (Vgl. S. 97.)

Eine Stimme zur Hebung und Läuterung der deutschen Bühne.*)

Mit hoher Genugthuung haben wir, haben sicherlich viele Deutsche die jüngsten Auslassungen der „Provinzial-Correspondenz" über das deutsche Schauspielwesen begrüßt. Der ernste Hauch deutsch-nationaler und deutsch-sittlicher Gesinnung, welcher den Aufsatz des officiösen Blattes durchweht, verbürgt uns, daß man an maßgebender Stelle das Wesen der Bühne, der deutschen Bühne „als einer nationalen und moralischen Anstalt" richtig erkennt, und diese richtige Erkenntniß verbürgt wiederum, daß der Staat es nicht an den zweckdienlichen Vorkehrungen werde fehlen lassen, um unserm Theater seine patriotische und ethische Bedeutung zu bewahren und, soweit dies erforderlich, anzuerziehen. Erweist sich doch das erziehliche Princip immer klarer als das Grundprincip des deutschen Staates, die Zucht der einzelnen für die idealen und realen Ziele der Gesammtheit als der große Zweck, welchem alle innerhalb des Organismus unseres Volkthums walten-

---

*) Wir geben den nachfolgenden Artikel selbstverständlich nur als „eine Stimme" zu dieser wichtigen Frage, ohne uns mit den darin niedergelegten Ansichten in allen Stücken einverstanden zu erklären.

D. Red. d. Allg. Zeitung.

den Kräfte in harmonischem Vereine zu dienen, sich ein- und unterzuordnen haben. Wer zweifelt heute noch, daß die Armee und die Schule die beiden starken Säulen sind, welche den glorreichen Neubau unsers nationalen Staats tragen? Beide aber, die Armee und die Schule, sind im höchsten Sinne eins, sind nur verschiedene Verkörperungen eines und desselben Grundgedankens, des Gedankens der allgemeinen ausnahmslosen Zuchtarbeit im Dienste des Staats. Nur das deutsche Volk hat zugleich Schule und Armee obligatorisch zu machen gewußt; keine andere Sprache kennt die in ihrer Kürze so schönen, knappen Worte: Schulpflicht, Dienstpflicht, in welchen die zwei wichtigsten Bethätigungen jedes deutschen Volks- und Staatsgenossen ausgedrückt und durch das ideale Ethos der Pflicht mit einer höhern, sozusagen religiösen Weihe umgeben werden. Wenn aber die Erziehung, die Zucht der Leiber und Geister, das Wesen unsers nationalen und staatlichen Lebens ausmacht, so brauchen wir wol nicht erst den weitern Nachweis zu führen, daß keine Art und Form deutschen Handelns und Schaffens von diesem unserm Wesen sich eigenmächtig und willkürlich abtrennen, eigene Pfade wandeln, Sonderzwecke verfolgen kann. Im Bann und Bande des Ganzen hat alles Einzelne zu werden und zu wirken; keine materielle, viel weniger eine geistige oder sittliche Kraft darf der Gefahr individualistischer Verwilderung und Zuchtlosigkeit überlassen werden; die Nichtigkeit einer nicht vom nationalen und staatlichen Geist erfüllten, getragenen und beschirmten Cultur haben wir zu deutlich eingesehen, als daß wir irgendwelche culturelle Potenz anders denn unter dem starken Hort des durch unsere Waffen gebauten Reiches sich entwickeln sehen möchten. Wie könnten wir der Kunst, und nun gar der dramatischen Kunst, der „mehr als je in den Mittelpunkt des öffentlichen Interesses gerückten Bühne", eine Ausnahmsstellung einräumen!

Mit der „Provinzial-Correspondenz" in der heilsamen Tendenz ihrer Erörterungen völlig einverstanden, würden wir aber nicht umhin können zu bedauern, daß sie über die Mittel, die deutsche

Bühne zu einer nationalen und moralischen Anstalt zu erheben, sich nicht deutlicher ausgedrückt hat, wenn wir dieses Schweigen als ein zufälliges betrachteten, oder gar unterstellten, daß der Verfasser des Aufsatzes über diese Mittel selbst noch in irgendwelcher Unklarheit oder Unsicherheit befangen sei. In der That aber vermuthen wir, daß die Reichsregierung fürs erste nur die allgemeine Aufmerksamkeit auf einen so hochwichtigen Gegenstand hat lenken und zu einer Besprechung desselben durch die Organe der öffentlichen Meinung hat den Anstoß gehen wollen. Im Bewußtsein unsers reinen vaterländischen und sittlichen Eifers folgen wir der Einladung des officiösen Organs, und erlauben uns in Folgendem einige Vorschläge aufzustellen, durch deren Verwirklichung die deutsche Bühne, unsers Erachtens, ihrer Aufgabe, an ihrem Theil zur Herstellung und Festigung einer wahren nationalen Cultur beizutragen, mehr als gerecht würde.

„Der Staat", so sagt die „Provinzial=Correspondenz", „hat seither die positive Pflege der dramatischen Kunst fast ausschließlich den Hofbühnen überlassen. Mit der völligen Freigebung des Theatergewerbes sind jedoch Entwickelungen eingetreten, unter welchen die Hofbühnen für sich allein nicht im Stande sind, die höhern Interessen der dramatischen Kunst gegen das Ueberwuchern des blos gewerblichen Treibens zu wahren." Wir freuen uns vor allem, in diesem Satz anerkannt zu sehen, daß wenigstens die Hofbühnen noch die dramatische Kunst positiv pflegen. So gar schlimm ist es also um unsere Bühne nicht bestellt. An achtzehn und mehr der positiven Kunstpflege geweihten Stätten werden noch die höhern Interessen des dramatischen Idealismus gegen das Ueberwuchern des dramatischen Manchesterthums gewahrt.

Das ist etwas, das ist sogar — in Anbetracht der Bedeutung und Zahl unserer Hofbühnen — viel; aber wer möchte behaupten, daß es genug sei? In der Sphäre des Idealen und Ethischen gibt es keine Halbheiten, und welcher reinliche Mensch würde sich wohl fühlen in einer Wohnung, deren vordere, nach der Straße gehende, für den Besuch vornehmer Gäste bestimmte Räumlichkeiten sauber gefegt und gelüftet wären, während in den hintern Zimmern, wo die Kinder und das Gesinde weilen, Unrath und vergiftete Luft herrschen? Wir Deutschen rühmen uns, ein reinliches Volk zu sein, nicht nur im materiellen, sondern und zumal im höhern moralischen Sinne. Wir rühmen uns ferner, ein gründliches und gewissenhaftes Volk zu sein, welches sich nicht mit einer prunkenden Oberfläche begnügt, sondern überall Ernst und Gediegenheit verlangt. Würde es sich mit unserer Reinlichkeit, mit unserer Gründlichkeit und Gewissenhaftigkeit vertragen, wenn wir uns bei der positiven Pflege der dramatischen Kunst seitens der Hofbühnen beruhigten, die so sehr viel zahlreichern und auf weitere Kreise wirkenden Privatbühnen aber im schmuzigen und zuchtlosen Treiben eines aller höhern Ziele entrathenden Industrialismus verkommen ließen? Was wir, durch seichte Theorien irregeleitet, von der Freigebung des Theatergewerbes Gutes erhofften, hat sich nicht verwirklicht. Auf diesem wie auf allen andern Gebieten ist es mit der Entfesselung der individuellen Kräfte nicht gethan; ein tiefen Sinn bergendes moralisches Weltgesetz will, daß der auf sich allein gestellte Einzelne früher oder später den nackten Instincten seiner Selbstsucht verfällt, die Interessen der Gesammtheit denen seiner Person opfert. Wir sind weit entfernt, gegen alle unsere Privattheaterdirectoren und Verwaltungen die Anklage zu erheben, daß sie mit Wissen und Willen die positive Pflege der dramatischen Kunst hintangesetzt und einzig das im sittlichen und idealen Sinne negative Ziel, ihre Kasse zu füllen, verfolgt haben. Wir zweifeln nicht, daß manche unter ihnen der nun einmal in jeder deutschen Brust unauslöschlich glühenden Flamme des Idealismus mit Schmerz und geheimer Scham den Rücken wandten. Aber im wilden Kampfe der gewerblichen Concurrenz, an keine höhere Norm gebunden, von der waltenden Schutzwacht des Staates verlassen, suchten sie sich aufrecht zu erhalten, wie es eben ging, gaben um der vollen Häuser willen auch sittlich verwerfliche Stücke, bevorzugten die dem Geschmack der Menge huldigende ausländische, zumal die französische Production vor der vaterländischen Kunst, und verloren endlich in der niedern Sorge für die äußerliche Existenz jeden innern Halt, jedes höhere Streben. Hier thut Abhülfe noth; der Staat muß sich wieder bewußt werden seiner Erziehungspflicht; er muß, wie die „Provinzial-Correspondenz" gar treffend sagt, „anregend, ermunternd und in der ersten Uebergangszeit mithelfend zur Seite stehen und zugleich gewisse allgemeinere Aufgaben für die Pflege der dramatischen Kunst an seinem Theil erfüllen".

Die Frage, ob die staatliche Action, welche hinsichtlich der Privatbühnen so dringend erfordert ist, sich ebenmäßig auf die Hofbühnen erstrecken soll, lassen wir mit dem halbamtlichen Organ geflissentlich unerörtert. Vielleicht könnte auch die positive Kunstpflege durch die Hofbühnen zu einer oder der andern Ausstellung Anlaß bieten. Allein nicht nur, daß schon in der Ernennung der Hoftheaterintendanten durch die allerhöchsten Höfe erfreuliche Garantien für eine im künstlerischen, sittlichen und patriotischen Sinne Vertrauen verdienende Leitung gegeben sind, so kann auch nicht verkannt werden, daß, selbst wenn diese Garantien nicht vorlägen, es sein Bedenkliches und selbst Ungeziemendes hätte, wenn der Staat in Einrichtungen und Verhältnisse eingreifen wollte, welche wir nach deutscher Tradition als unbestritten zur Machtsphäre unserer Fürsten gehörig anzusehen gewohnt sind. Es ist ein rührender Zug im deutschen Volkscharakter, daß er das umfriedete Haus ehrt und heilig hält, ob es das Haus des stillen Bürgers, ob es das Prunkschloß des gewaltigen Herrschers sei. Unsere Hoftheater sind historisch geworden und gewachsen als Bestandtheile unserer Hofburgen, und obwol die moderne Staatsentwickelung es mit sich brachte, daß auch die Budgets unserer Hoftheater mehr oder weniger aus allgemeinen staatlichen Einkünften schöpfen, so wäre es doch ein Act undeutscher Impietät, wenn wir unsere Fürsten, die schon so wie so auf manches angestammte Souveränetätsrecht zu Gunsten unserer Einheitsentwickelung verzichtet haben, nun auch noch in Hoheitsrechten beschränken wollten, deren Centralisirung nicht gebieterisch durch die Rücksicht auf die Sicherheit und Machtstellung des Reiches erfordert ist. Uebrigens hätte es auch noch seine überaus großen praktischen Schwierigkeiten, einige der wichtigsten Reformen, welche wir zu empfehlen haben, bei den Hoftheatern einführen zu wollen. Während z. B. Hoftheaterintendanten herkömmlich aus den Reihen der Cavaliere genommen werden, fordern wir nachstehend als Bedingung für die Zulassung zur Leitung einer Bühne den Nachweis einer vollen fachmännischen Ausbildung. Diesen Nachweis auch von den dem Cavalierelement angehörigen Personen fordern, hieße die Monarchen in der bisher freigeübten Wahl der Intendanten beschränken, ja, in Ermangelung fachmännisch gebildeter Edelleute, sie zwingen, das bürgerliche Element zu Functionen heranzuziehen, zu deren Ausübung eine in bürgerlichen Kreisen nicht wohl zu erwerbende Gewandtheit und Sicherheit im Verkehr mit Fürstlichkeiten und andern höher stehenden Personen unumgänglich nothwendig ist.

Nachdem wir uns so im voraus gegen den Einwand gesichert, daß wir historisch gewordene und nach der sittlichen Anschauung des Volks berechtigte Eigenthümlichkeiten anzutasten gedächten, gehen wir zur Aufzählung und Begründung der Vorschläge über, von deren unentwegter Durchführung wir die Hebung und Veredlung der deutschen dramatischen Kunst vertrauensvoll erwarten. Diese Vorschläge basiren auf oder gipfeln in der Anwendung des Erziehungsprincips auf die Bühne. Was andere, zumal die romanischen Völker, empirisch betreiben, das pflegen die Deutschen zur höhern Wesenheit der Methode zu erheben. Jene haben die Schule des Lebens, wir das Leben der Schule. Diese zugleich so einfache und so tiefe Wahrheit gibt uns den Fingerzeig für den Weg, welchen unser nationales Handeln und Schaffen einzuhalten hat, wenn es dem nationalen Genius treu bleiben will. In den Weg der Schule muß auch unsere dramatische Kunst einlenken, beziehungsweise eingelenkt werden. Das haben die einsichtigen Männer erkannt, welche schon seit längerer Zeit die Errichtung einer Hochschule für dramatische Darstellung aus staatlichen Mitteln und unter staatlicher Aufsicht und Leitung begehren. Indessen mit der Errichtung einer solchen Anstalt ist es nicht gethan. Ganz abgesehen davon, daß es sich durchaus nicht blos darum handelt, tüchtigere und züchtigere Schauspieler heranzuziehen, daß vielmehr unsere bei weitem wichtigere Aufgabe in der Erzielung einer gesündern, sittlich reinern, zugleich idealern und nationalern Production besteht, würde die Wirksamkeit einer beiden Zwecken, der Heranbildung sowol höher gearteter Schauspieler als höher gearteter Dramatiker, dienenden dramatischen Hochschule doch nur eine unzulängliche bleiben, wenn der Staat nicht zugleich die geeigneten gesetzlichen Bestimmungen, theils coërcitiver, theils normativer Art über den Besuch und die Wirksamkeit der Hochschule und über die sittliche, künstlerische und wirthschaftliche Führung der Bühne erließe. Man bedenke, daß keine andere Klasse von Staatsbürgern so sehr dazu neigt, sich von persönlichem Dafürhalten und individueller Willkür fortziehen zu lassen wie die Künstler; daß, während nicht nur der Militär und der Beamte, sondern auch der Mann der Wissenschaft sich leicht und gern, ja mit innerer Genugthuung der sittlichen Zucht seiner Nation fügt und den ihm durch die ethische Ordnung auferlegten Zwang in innere Freiheit verwandelt, der Künstler, und zumal der dramatische, immerfort Gefahr läuft, von seiner Phantasie und Sinnlichkeit auf Abwege verlockt zu werden. Da nun aber Leute von mäßiger Phantasie und Sinnlichkeit den Künstlerberuf nicht zu ergreifen pflegen, so muß von Staats wegen Fürsorge getroffen werden, daß die der Kunst sich widmenden Staatsgenossen, in welchen erfahrungsgemäß die Psyche sehr bedenklich nach dieser verhängnißvollen Seite neigt, nach Möglichkeit vor dem Fallen bewahrt bleiben.

Dies vorausgeschickt, werden wir kaum nochmals betonen müssen, daß das Fundament der dramatischen Hochschule der deutsche sittliche Gedanke sein muß, daß ihre Aufgabe darin besteht, der deutschen dramatischen Kunst eine dem nationalen Geist und Bedürfniß entsprechende ideale und ethische Höhe, Weihe und Reine zu geben.

Wir glauben nun, daß die dramatische Hochschule aus drei Abtheilungen (Facultäten) zu bestehen habe.

In der ersten dieser Abtheilungen, der für darstellende Dramatik, wird die Theorie, in dem dazu gehörigen Seminar die Praxis der Schauspielkunst gelehrt. Hinsichtlich der hier vorzutragenden Lehrgegenstände können wir uns im ganzen mit dem in der Denkschrift der Deutschen Shakspeare-Gesellschaft aufgestellten Programm einverstanden erklären. Außer einer dringend erforderten Vorlesung, welche die „Geschichte der dramatischen Darstellung" zu behandeln hat, wüßten wir dem Programm nach der instructiven und wissenschaftlichen Seite nichts hinzuzufügen. Dagegen scheint uns die educative, versittlichende Aufgabe einer deutschen Schauspielschule nicht genügend hervorgehoben. Und doch liegt hier, wie uns scheint, der Schwerpunkt. Quid litterae sine moribus? Man denke, daß es sich um Heranbildung von Studirenden beider Geschlechter handelt, und daß, ohne den festen Halt solcher Principien ernster Lebensführung, wie sie ihnen hier in und durch die Schule eingeflößt werden können und sollen, viele und vielleicht gerade die begabtern Kunstjünger auf dem glatten Boden der Bühne im Zwielicht der Coulissen straucheln werden, straucheln müssen. Wir wollen uns nicht im einzelnen darüber verbreiten, wie, durch welche Einrichtungen das oberste Ziel der sittlichen Erziehung unserer Schauspieler am besten erreicht werden dürfte. Viel kommt auf die Personen der Lehrer an, viel auf die Bedingungen, welche für die Zulassung zum Besuch der Hochschule gelten. So scheint uns, um nur Eins anzuführen, nothwendig, daß für die Besucher weiblichen Geschlechts ein nicht allzu niedrig gegriffenes Altersminimum festgesetzt werde; vielleicht sollte man auch von ihnen verlangen, daß sie vorher das Lehrerinexamen zu bestehen haben.

Nichts würde leichtsinnige Personen sicherer davon abhalten, sich aus frivolen Gründen der Bühne zu widmen, als wenn sie, um auch nur die Schwelle der Laufbahn zu beschreiten, bereits einen nicht anders als durch sauere Mühe zu erlangenden Stock von Kenntnissen nachzuweisen hätten. Aus analogen Gründen verlangen wir für die Studirenden männlichen Geschlechts, daß sie, sei es ein Gymnasium, sei es eine Real=(Bürger=)schule ersten Ranges mindestens bis zur Obersecunda absolvirt haben. So von vornherein mit gründlicher Vorbildung versehen, werden die Schüler der Hochschule mit vollem Nutzen den zum Theil sehr schwierigen Vorträgen ihrer Lehrer folgen können, und wenn man ihnen außerdem die sichere Aussicht eröffnet, daß sie nach Beendigung ihrer Studien und Ablegung des Schlußexamens alsbald ein wenn auch für den Anfang noch bescheidenes, aber doch sicheres Auskommen finden werden, so lassen sie es sicherlich weder an Eifer noch Fleiß fehlen. Der Staat aber darf die feste Zuversicht hegen, daß die also unter seiner Leitung und Aufsicht moralisch, wissenschaftlich, ästhetisch und technisch ausgebildeten Schauspieler den Empirikern des Auslandes, zumal der französischen Bühne, wenn nicht an naturalistischer Kraft, Wahrheit und Leidenschaft, doch an idealisirender Auffassung, sittlichem Pathos und mimischer Vergeistigung voranstehen werden.

Neben dieser ersten Abtheilung der Hochschule für darstellende Dramatik verlangen wir eine zweite für schaffende Dramatik. Zur Begründung unserer Forderung sagen wir nichts weiter, als daß die Reform der deutschen Schaubühne die Reform der deutschen Bühnenproduction zur nothwendigen Voraussetzung hat. Das classische Repertoire genügt nicht, genügt um so weniger, als nicht nur Shakspeare, Calderon, Molière u. s. w. keine Deutschen gewesen, sondern auch unsere eigenen classischen Bühnendichter, Goethe, Schiller, Lessing, zu einer Zeit lebten und schufen, als die deutsche Cultur noch in einem schranken= und charakterlosen Kosmopolitismus befangen war. Lessing's „Nathan",

„Emilia Galotti", „Miß Sara Sampson", Schiller's „Fiesco", „Don Carlos", „Maria Stuart", „Braut von Messina", „Jungfrau", Goethe's „Egmont", „Tasso", „Iphigenie", mit einem Worte, die meisten unserer classischen Stücke behandeln undeutsche Stoffe, feiern ausländische Helden. So wenig wir sie von unserer Bühne ausgeschlossen wissen möchten, so wenig genügen sie für ein deutsches Nationaltheater in dem patriotischen Sinne, den wir heute mit dem Ausdruck verbinden. Wir brauchen deutsche Stücke, das heißt solche, welche nicht nur in deutscher Sprache geschrieben sind, sondern welche nationale Stoffe in nationalem Sinn behandeln. Der deutsche Roman ist in dieser Beziehung dem deutschen Drama rühmlich vorangegangen. Auch von dem deutschen Drama wünschen wir einen berühmten Ausspruch voll patriotischen und sittlichen Eifers beherzigt zu sehen; auch es soll das deutsche Volk in seiner Tüchtigkeit, bei seiner Arbeit suchen. Man denke nur, welch eine Fülle edelster und volksthümlichster Stoffe sich dem jungen Dramatiker bietet, welcher das Zeug dazu hat, die tüchtigste deutsche Arbeit, die des Volks in den Waffen, zu sagen und zu singen! Damit aber der junge Dramatiker die zur Wahl und angemessenen Behandlung solcher Stoffe erforderlichen Voraussetzungen mitbringe, darf seine theoretische und praktische Ausbildung nicht dem Zufall überlassen bleiben; der Staat muß ihm beistehen, muß ihn leiten, und dies geschieht durch die Errichtung einer Schule für dramatische Production. Die an dieser Schule, der zweiten Abtheilung unserer Hochschule, zu lehrenden Gegenstände werden etwa die folgenden sein müssen: Geschichte des Dramas; dramatische Alterthümer; dramatische Quellenkunde; dramatische Stofflehre; Theorie der dramatischen Erfindung und Composition; Technik des Dramas; Theorie des Geschmacks und der künstlerischen Intuition; Lehre vom Localton und von der Zeitfarbe. Vielleicht möchte sich auch hier ein eigenes Seminar für Uebungen im Bereich der praktischen Dramatik (Monologe, Dialoge u. s. w.) als nützlich empfehlen. Wie man sieht, wir stellen dieser Abtheilung der neuen Hochschule die höchsten Aufgaben. Dieselben können nur erfüllt werden, wenn es gelingt, die besten Lehrkräfte des Vaterlandes heranzuziehen. Die stolzesten Namen unserer Universitäten wünschten wir im Lehrerverband der neuen Hochschule glänzen zu sehen. Und warum sollten die hervorragendsten Meister der Geschichte, der Ethik, der Aesthetik, der literarischen Kritik sich einer Mission entziehen, welcher nur sie vollkommen gerecht zu werden vermögen? Es wäre ja darum keineswegs nöthig, daß sie aus ihren bisherigen Stellungen ausschieden. Ein bedeutsames Präcedens liegt übrigens bereits vor. Die Commission, welche alle drei Jahre ernannt wird für die Zuerkennung des Schillerpreises an den verdientesten Dichter, und deren Verdicte schon so viel zur Hebung unserer Bühne beigetragen haben, pflegt fast ausschließlich zusammengesetzt zu werden aus Professoren. Und natürlich! wer anders böte die gleichen Bürgschaften für die Fällung eines Urtheils, welches als Urtheil der ganzen deutschen Nation, der Schulnation κατ᾽ ἐξοχήν, gelten will, gelten soll? Wir Deutschen werden nimmermehr einem Stücke vollen rückhaltslosen Beifall spenden ob seiner äußern Aufführbarkeit und Wirkung aufs Publikum, ob seiner realistischen Lebenswahrheit, ob seiner treffenden Charakteristik, der packenden Gewalt, mit der es maßlose Leidenschaften malt, der noch so geschickten Effecte, welche uns Thränen entlocken oder zum Lachen nöthigen. Alles das hat ja seinen Werth, aber einen untergeordneten im Vergleich mit dem sittlichen Ernst, welchen wir vor allem von einem nationalen Dramatiker verlangen, mit dem Adel der ethischen Gesinnung, welche von der Bühne herab das Publikum emporziehen soll zum ewig Guten, Wahren und Schönen. Dieses Ethos wünschen wir in eine Sprache eingekleidet, welche sofort, vom ersten Augenblicke an, da ihre gemessenen Weisen an unser Ohr schlagen, uns erinnert, daß wir dem Gewühl des niedern Lebens entrückt, in eine ideale Welt eingetreten sind. Da aber das Ideal, das deutsche Ideal, nicht in raum- und zeitlosen Fernen schwebt,

9*

sondern unsere Wirklichkeit verklärt, unser Volk für die reale Arbeit in Haus, Gemeinde und Staat erzieht, so soll das deutsche Drama zugleich historisch, sittlich und patriotisch wahr und treu sein. Mit Einem Worte, wir verlangen von dem deutschen Schauspieldichter Reinheit und Vornehmheit der sittlichen Gesinnung, eine erhöhte Sprache, Stoffe und Helden, welche dem Herzen des Volkes nahe stehen, patriotische Begeisterung und historische Wahrheit in der Behandlung dieser Stoffe. Nach Maßgabe dieser Forderungen aber die Richter unserer dramatischen Production zu sein, gibt es offenbar keine berufenern Männer als unsere Universitätslehrer. Darum wählt der preußische Cultusminister aus ihrer Mitte unsere gefeiertsten Literaturgeschichtschreiber, Aesthetiker, Historiker und Patrioten, um jenes obersten Richteramtes zu walten. Darum verlangen wir heute, daß in ähnlicher Weise für die Besetzung der Lehrstühle auf unserer dramatischen Hochschule Sorge getragen werde, indem wir die feste Zuversicht zu der vielbewährten Opferwilligkeit und Arbeitskraft unserer Professoren hegen, daß sie auch diesem Rufe des Vaterlandes gern Folge leisten und an dem von ihnen neu zu bebauenden Gebiet alsbald die deutsche Gründlichkeit und Sachlichkeit glänzend erhärten. Der Ruf des Vaterlandes ist gewiß schon allein für solche Männer ein zwingendes Motiv. Doch noch andere bedeutsame Erwägungen machen die innigste Verbindung unserer wissenschaftlichen und unserer künstlerischen Thätigkeit zu einem unbedingten Postulat für unsere Culturentwickelung.

Bekanntlich wirft uns das Ausland nicht selten vor, daß es unserer künstlerischen Production an Lebensfrische, an Geschmack und Eleganz fehle, daß sie dem Stoff die Form und dem Gedanken den Stoff opfere. Wohl! Lassen wir uns den Vorwurf gefallen und ersetzen wir immer mehr durch deutsche Innerlichkeit die gleißende Formvollendung der Romanen, durch deutsche Gedankentiefe die materialistische Naturnachahmung der Engländer. Wagen wir mehr und mehr auch in der Kunst unserer

Mission zu folgen, der Mission eines ernsten, nüchternen, hart arbeitenden Volkes, eines Volkes, welches Freiheit des Geistes mit Zucht der Sitten zu vermählen weiß, eines Volkes, welches über das leere Spiel mit schönen Formen die Erkenntniß der Wahrheit, über seichten Esprit das gründliche Wissen, über den Fetischdienst des Naturalismus den Cultus des Ideals setzt. Möge andern Völkern die Kunst ein Spiel und ein Vergnügen sein; uns sei sie ernste Arbeit, Einkehr in uns selbst, andachtsvolle Vertiefung. Lehrer und Priester, nicht Belustiger seines Volkes soll der deutsche Künstler sein. Darum ziehe er seine beste Kraft aus dem unerschöpflichen Boden der deutschen Wissenschaft, aus dem immer neu verjüngenden Hauche der vaterländischen Gesinnung und Gesittung; darum vermähle sich unsere dichterische Production mit der Treue unserer historischen Forschung, mit dem Ernst unserer Weltanschauung, und bade sich allezeit rein in dem lautern Born der nationalen Sittlichkeit. Im höchsten Sinne historisch, ethisch und ideenreich, stark und hehr wie der deutsche Staat, keusch und zart wie die deutsche Minne — so sei unsere Kunst, so bleibe sie, und damit sie es bleibe, wollen wir, daß der wissenschaftliche, vaterländische und sittliche Geist unserer Universitäten auch sie durchdringe. Zumal aber die große Aufgabe unserer dramatischen Kunst, die Aufgabe, den deutschen Gedanken in dichterisch-volksthümlicher Ausgestaltung auch den Theilen der Nation nahe zu bringen, welche nicht am Tage die Hörsäle, sondern nur Abends die Theater besuchen können, diese Aufgabe wird nicht anders gelöst werden als mittels der unserm Wesen so eigenthümlichen, so theuern und heiligen Befruchtung der Kunst in ihrer ewigen Weiblichkeit durch den männlichen Geist strenger Wissenschaftlichkeit. Mit dem Erkenntnißstoff, mit der Wissensfülle aller Zeiten und Völker genährt, wird unser Drama bald das solcher Nahrung entbehrende Schaffen des Auslandes wenn nicht an äußerer sinnlicher Frische und bestechendem Farbenreichthum, doch an Ernst, Gediegenheit, Richtigkeit des Details übertreffen. Und wie wir nochmals betonen, dramatische Autoren, welchen der geistige und sittliche Ernst unserer Universitätslehrer den Stempel aufgedrückt hat, werden sicherlich mitnichten Gefahr laufen, in jenen frivolen Cynismus zu verfallen, auf dessen geilem Mistbeet Offenbachiaden und Ehebruchsstücke in ekelhafter Ueppigkeit wuchern und gedeihen.

Ueber die dritte Abtheilung, welcher wir in dem Organismus der dramatischen Hochschule eine Stelle gegeben zu sehen wünschen, können wir uns kurz fassen, da sie nicht dem innern, sondern nur dem äußern Wesen der Bühne dienen soll. Wir begnügen uns, zu sagen, daß diese Abtheilnng, der Theorie und Praxis der Dramaturgie gewidmet, die Bestimmung hat, Theaterdirectoren, Regisseuren und höhern Theaterverwaltungsbeamten die unentbehrliche akademische Vorbildung zu gewähren. Der Lehrplan dieser Abtheilung hätte zu umfassen: Encyklopädie der Schauspielkunde, Geschichte der Scenik, Bühnentopographie, Costümkunde, Gerätheknnde, Technik der Inscenirung (Decorations-, Maschinen-, Beleuchtungs-, Lösch-, Ventilationswesen, Lehre von den Versatzstücken, dem Schnürboden u. s. w.); — ferner Theaterverwaltungspolitik, Theaterverwaltungsrecht, Theaterpolizeirecht, Theaterökonomik, Theaterstatistik. Während an der zweiten Abtheilung der Hochschule Professoren der historischen und philologischen Fächer eine ersprießliche Wirksamkeit entfalten werden, sind für diese dritte Abtheilung Vertreter der nationalökonomischen, juristischen und technischen Disciplinen zu berufen.

Von dem Satz ausgehend, daß unsere Bühne, soll sie eine unserer übrigen nationalen Entwickelung entsprechende Stellung einnehmen, der Segnungen des deutschen wissenschaftlichen und sittlichen Geistes, wie er in unserm Schulwesen verkörpert ist, theilhaftig werden muß, haben wir die Errichtung einer dramatischen Hochschule als des wichtigsten Theiles und stärksten Hebels der geplanten Bühnenreform vorangestellt. Allein brauchen wir zu sagen, daß es mit der Gründung und sorgsamsten Pflege der Hochschule nicht gethan ist; daß es gilt, ihre an und für sich doch nur theoretische Wirksamkeit auch wahrhaft praktisch zu machen? Hier sowenig als irgendwo kann der Staat sich begnügen, den Samen auszustreuen und die Reife abzuwarten; nur er mit seiner starken Hand vermag auch die rechten Früchte zu gewinnen. Mit andern Worten: er hat den werdenden Schauspieler von der ersten schülerhaften Geste bis zur vollendeten Heldendarstellung zu geleiten, zu fördern, zu hüten; er darf endlich nicht zugeben, daß die Leistungen der also gebildeten Dichter und Schauspieler durch die schlotterige Wirthschaft, durch den leichtfertigen Geist, durch den industriellen Egoismus der Bühnenverwaltungen ihrem hohen Ziel entfremdet oder entzogen werden. Der Staat hat also nicht nur für die Erziehung und Ausbildung des gesammten dramatischen Heerkörpers zu sorgen, er muß auch die spätere Verwendung desselben überwachen und regeln. Kurz, der deutsche Gedanke, daß der deutsche Mann immerfort dient, im Heer und in der Schule, in Gemeinde und Staat, muß auch im Theater zu lebendiger Anwendung gebracht werden. Zu diesem Zwecke verlangen wir eine einheitliche deutsche Theaterverfassung, reichsgesetzliche Bestimmungen, ohne welche das uns vorschwebende Ideal der Herstellung einer wahrhaften Nationalbühne eine Chimäre bleibt. Die Sache ist zu groß und wichtig, als daß wir es unternehmen möchten, sie in dem Raum eines Aufsatzes wie der gegenwärtige nach allen Seiten zu erörtern. Wir beschränken uns darauf, die leitenden Maximen anzugeben, welche der neuen Reichsgesetzgebung zu Grunde zu legen wären.

Vor allem ist Sorge zu tragen, daß den an der Hochschule gebildeten jungen Leuten die Möglichkeit gegeben sei, die erlangte Bildung gehörig zu verwerthen; sie müssen gegen die Concurrenz der Pfuscher und Autodidakten sichergestellt werden. Zu diesem Zwecke sind Bestimmungen erforderlich, welche sei es direct aussprechen, sei es zur mittelbaren Folge haben, daß jeder Schauspieler, jede Schauspielerin, welcher oder welche an einem Theater ersten Ranges Anstellung finden will, seine (ihre) wissenschaftliche und praktische Bildung an der ersten Abtheilung der Hochschule erlangt haben muß; daß niemand als dramatischer Autor öffentlich anerkannt werde, der nicht die staatlich vorgeschriebenen Fachstudien an der zweiten Abtheilung der Hochschule mit Erfolg absolvirt hat; daß endlich zum Theaterdirections- und höhern Verwaltungsdienst nur solche Personen Zulassung finden, die sich über eine an der dritten Abtheilung der Hochschule erlangte dramaturgische Schulung ausweisen. Wie man sieht, wir wünschen, daß mit Schonung vorgegangen werde; es scheint uns kaum anzugehen, daß die erste dieser Vorschriften gleich von Anfang an auch für die Theater mittlern und niedern Ranges ihre volle obligatorische Kraft erlange; dieselben werden noch einige Zeit ihre Schauspieler in bisheriger irregulärer Weise rekrutiren. Indessen mit Hülfe angemessener transitorischer Bestimmungen wird sich erreichen lassen, daß in nicht allzu langer Frist die freien oder wilden — wir meinen die nicht von Staats wegen gebildeten und geprüften — Schauspieler auch von den Brettern der letzten Wanderbühne verschwinden werden.

Wie aber erzwingt man, daß die Candidaten der Schaubühne sich zu einer so strammen und zumal so kostspieligen Ausbildung verstehen? Viel läßt sich ja erwarten von den angestammten Eigenschaften willigen Gehorsams und Pflichtgefühls, die den Charakter des Deutschen auszeichnen. Allein man bedenke, daß es die leichtsinnigsten und mit materiellen Subsistenzmitteln schlechtest ausgestatteten Schichten der Nation sind, aus welchen die meisten unserer Schauspieler hervorgehen. Stundung der Collegien, Gewährung von Stipendien werden Ersprießliches wirken, mehr noch Vorkehrungen, welche dem von der Schule entlassenen Künstler ein ähnlich rasches und sicheres Fortkommen sichern, wie er es in andern Carrièren finden würde. Eine sehr zweckentsprechende Maßregel wäre, jeden Stipendiaten der Hochschule dazu anzuhalten, daß er nach beendigter Ausbildung ein oder zwei Jahre an einer Hofbühne für ein nicht hohes, aber seinen Unterhalt sicherndes Normalhonorar dem Spieldienst obliege.*)

Wenn wir es für richtig und thunlich halten, den Schülern der ersten Abtheilung der Hochschule ihre Anstellung an den Bühnen zuzusichern, so möchten wir dagegen, trotz aller Verlockung der Analogie, kaum dazu rathen, daß die neue Theater-Reichsgesetzgebung es den Bühnen zur unterschiedslosen Pflicht mache, auch alle von den ehemaligen Zöglingen der Abtheilung für schaffende Dramatik geschrieben werdenden Stücke zur Aufführung zu bringen. Wenn ein historisch durchgebildeter junger Autor im ersten wissenschaftlichen und patriotischen Eifer eine Tetralogie schriebe, worin die Völkerwanderung ihr eisernes Weltgericht an den zu Boden liegenden Romanen vollzöge, so wäre es doch nicht ganz billig, einen Theaterunternehmer nöthigen zu wollen zu dem ungeheuern wissenschaftlichen und technischen Aufwand, welcher mit einer historisch treuen Inscenirung verbunden wäre. Eine historisch nicht ganz treue Inscenirung scheint uns aber vollends unstatthaft.**)

Der Staat kann, sagen wir, die Darstellung aller Stücke der staatlich gebildeten Autoren nicht fordern. Damit wollen wir aber keineswegs gesagt haben, daß ihm nicht die Pflicht obliege, die deutsche dramatische Production nach Kräften zu schützen. Nun hat dieselbe bekanntlich keine größere Schwierigkeit zu bestehen als die, welche ihr die ausländische Concurrenz bereitet.

---

*) Wir haben uns die Frage aufgeworfen: ob es sich nicht empfehle, neben der Hochschule eine Specialanstalt für die Ausbildung von sogenannten stummen Rollen und Statisten zu errichten, wollen aber diese Frage nicht entscheiden.

**) Ob die Theater-Reichsgesetzgebung nicht auch den Bühnen die Anstellung wissenschaftlich durchgebildeter Historiker, Archäologen, Ethnologen u. s. w. vorschreiben könnte, welche über und neben dem Regisseur die wissenschaftliche Richtigkeit der Inscenirung zu überwachen hätten? Wir begnügen uns, die Frage zu stellen. Jedenfalls wäre hier Gelegenheit gegeben, eine Verbesserung der materiellen Lage jüngerer Docenten in einer den Staat nicht belastenden Form herbeizuführen.

Und ausländisch heißt hier französisch. Ja, zu unserer Beschämung müssen wir zugeben, daß, gleichwie unsere deutschen Frauen und Jungfrauen noch immer der Tyrannei welscher Mode mit ihrem Trug und Tand huldigen, so auch das Publikum unserer Theater nach wie vor dazu neigt, an dem ersten besten, ihm in schlechter Uebersetzung gebotenen, französischen Stück, trotz seiner selbstverständlichen Unsauberkeit, mehr Geschmack zu finden als an den Schöpfungen unserer vaterländischen Dichter. Solch schimpflichem und ungesundem Zustande muß abgeholfen werden. Die deutschen Dramatiker haben offenbar den ersten Anspruch auf die deutsche Bühne, auf den Beifall der deutschen Theaterbesucher. Wir sagen gewiß nicht zu viel, wenn wir behaupten, daß gegenüber zwanzig französischen Stücken, welche wir über unsere Bühnen gehen lassen und reichlich honoriren und beklatschen, noch nicht ein einziges deutsches Stück im Auslande zur Darstellung gelangt. Soll das fortdauern? Wird das Maß unserer deutschen Gutmüthigkeit niemals voll werden? Und da die Masse der Nation nicht freiwillig zur Erkenntniß ihres so undeutschen, unpatriotischen, unwirthschaftlichen Verhaltens kommen will, darf der Staat länger seine Pflicht verabsäumen, eine Pflicht, die in diesem Falle sowol durch seine Natur als Hortes der nationalen Sittlichkeit wie als Schützers der vaterländischen Production geboten wird? Wir schlagen als beste Maßregel der Abhülfe vor, daß bis zur vollen Erstarkung und Concurrenzfähigkeit der deutschen dramatischen Production ein Reichsgesetz die ausländischen Theaterstücke von unsern Grenzen fern halte. (!!) Wohl sehen wir voraus, daß gegen diesen Vorschlag manche Einwendung wird erhoben werden? Sollen auch die Dramatiker des uns verwandten Oesterreich von den deutschen Bühnen ausgeschlossen sein? Soll dem Verbot der Ein-, genauer Aufführung der ausländischen Production rückwirkende Kraft verliehen werden, sodaß selbst bei uns längst eingebürgerte Stücke nicht mehr gegeben werden dürften? Hierauf erwidern wir, daß sich mit Oesterreich ein auf voller Gegenseitigkeit basirender Theatervertrag abschließen ließe, der den Autoren beider Reiche sozusagen die volle Bühnenfreizügigkeit gewährte, natürlich unbeschadet der Cautelen, welche der deutschen Regierung immer freistünden gegen die Einschleppung sittlich kranker Gebilde, wie sie gerade leider in Wien vielfach aus dem mit so zahlreichen undeutschen Elementen durchsetzten Boden aufschießen. Der Einwurf, das von uns vorgeschlagene Verbot könnte wohlerworbene Rechte schädigen, verdient Beachtung; aber ihm wird die Spitze abgebrochen, wenn das betreffende Reichsgesetz verfügt, daß die bereits vor seiner Erlassung auf einer deutschen Bühne gegebenen ausländischen Stücke ihren Besitzstand behalten sollen, falls sie sich binnen bestimmter Präclusivfrist einer Abstempelung von Reichs wegen unterziehen.*) Endlich, um dem Gesetz jede schädliche Härte zu benehmen, könnte dem Bundesrathe das Recht gegeben werden, durch einen mit Zweidrittel-Stimmenmehrheit zu fassenden Beschluß zu Gunsten neuerer ausländischer Stücke von besonderem Werth und unzweifelhafter Moralität eine Ausnahme von dem Aufführungsverbote zu statuiren.

Wir wären eigentlich noch nicht zu Ende. Es schwebt uns noch manche legislative und administrative Maßregel vor, welche zu dem Zweck der Herstellung einer wahrhaft deutschen Bühne erfordert sein möchte. Zum Beispiel wird über kurz oder lang die Frage entschieden werden müssen: ob die heute als Privatunternehmen bestehenden Theateragenturen noch länger gestattet sein, ob das Reich sie nicht vielmehr an sich ziehen soll? In-

---

*) Für die Abstempelung könnte eine in Ansehung des den fremden Autoren durch die fernere Zulassung erfließenden Gewinns nicht zu niedrig bemessene Gebühr erhoben werden. Dem Ertrag dieser Gebühr würde das Reich eine nicht ungeeignete Verwendung geben durch Gründung einer Anstalt, wo in ihrem Beruf ergraute Schauspielerinnen, welche ihre sittliche Unbescholtenheit und völlige Arbeitsunfähigkeit nachweisen, während ihrer letzten Tage von Sorgen frei die Wohlthat trauter deutscher Häuslichkeit genießen könnten.

dessen etwas müssen wir offenbar der Thätigkeit künftiger Jahrzehnte überlassen. Der immer mehr erstarkende sittliche und staatliche Sinn unsers Volkes leistet uns Bürgschaft, daß die nationale Form unserer Bühne keine halbe Arbeit bleibe.*)

---

*) Wir wiederholen auch am Schlusse dieses Aufsatzes unsere Verwahrung gegen viele der darin niedergelegten Ansichten und Vorschläge, da das deutsche Theaterwesen, dessen Reformbedürftigkeit wir gern zugeben, auf dem von dem Herrn Verfasser vorgeschlagenen Wege disciplinären Zwanges unserer Ansicht nach eher geistig verkümmern, als einer neuen frischen Blüte entgegengeführt werden würde.

D. Red. d. Allg. Zeitung.

Druck von F. A. Brockhaus in Leipzig.

CPSIA information can be obtained
at www.ICGtesting.com
Printed in the USA
BVHW061222100521
606944BV00008B/1287

9 781148 736228